목소리를 바꾸고

내 인생이 달라졌다

목소리를 바꾸고

내 인생이 달라졌다

임유정 지음

일에일북

목소리, 누구나 후천적으로 익힐 수 있는 기술이다

어느덧 『성공을 부르는 목소리 코칭』 책이 세상에 나온 지 십여 년 이 넘었다. 그 사이 몇 번의 재쇄를 거쳐 이번에 개정판이 나오게 되었다. 세상은 코로나19라는 큰 복병을 만났고 이후 사람들은 서 로와의 관계를 단절한 채 몇 년이라는 시간을 보냈다. 나의 숨이 다른 사람의 생명에 영향을 주는 세상에 있었던 것이다. 이제 코로 나19는 물러가고 다시 우리는 서로의 숨을 그리고 숨으로 만들어 내는 목소리를 연결하는 법을 다시 세팅해야 한다.

목소리는 그 사람의 태어난 지역, 환경 그리고 성격과 태도뿐만

4

아니라 지식과 감정까지 알 수 있는 도구다. 세상에 나의 목소리를 가지런히 정성껏 내놓는 것은 어찌 보면 당연하게 해야 할 일이 아닐까? 코로나19 이후 사람들의 목소리는 마스크 안에 숨어져 작아졌고 반대로 불안과 화 때문에 너무 커졌다. 외로움과 불안함, 코로나19 이후의 치열한 경쟁은 우리 목소리에서 여유와 행복을 잊게 만들었다. 이 책이 가슴 깊이 잠들어 있는 여러분의 진짜 목소리를 발견하는 데 큰 도움이 됐으면 한다.

"유정 씨, 내가 보기에 유정 씨는 방송과 어울리지 않아. 방송 말고 다른 진로를 택해봐."

우연히 시작한 KBS 리포터 시절, 첫 방송을 하고 난 뒤 PD와 아나운서 선배가 내게 했던 말이다. 톤이 높고 허스키한 음성, 전혀 방송인답지 않은 촌스러운 리듬감, 분명하지 않은 발음 등 나쁜 목소리 종합선물세트였던 나는 울면서 집으로 돌아올 수밖에 없었다.

하지만 이대로 포기할 수는 없었다. '어차피 말을 평생 하지 않고 살 수는 없어. 말을 잘하고 목소리가 좋은 사람들이 많다는 것은 나 역시도 연습하면 그렇게 될 수 있다는 증거 아닐까? 어릴 때 욕먹는 것은 괜찮아. 하지만 나이가 들어서도 말을 못 해 욕을 먹을 수는 없지. 그래, 포기하지 말고 도전해보자.'

이렇게 시작된 나의 '좋은 목소리 만들기 훈련'은 방송 생활을 하는 9년여 동안 계속되었다. 방송하기 전에 목소리를 깨우기 위해 하루 30분에서 1시간 동안 발성 훈련을 게을리하지 않았고, 기계가 아닌 사람이기에 '오늘은 톤이 좀 낮네. 낮으면 너무 지루하지. 톤을 조금 올려서 방송하자' 또는 '오늘은 톤이 너무 높아. 시끄럽게 들릴 수 있어. 톤을 조금 내려보자' 이렇게 항상 보이스 레코더를 가지고 다니며 나의 음성을 민감하게 체크했다. 그렇게 노력한 결과 지금은 목소리 전문가가 되어 사람들에게 '좋은 목소리 만드는 방법'에 대해 강의할 수 있게 되었다.

이 책은 좋은 목소리를 내기 위한 나의 히스토리다. 나의 사투다. 나의 눈물이다. 지금도 명절이 되면 친척들은 내게 "유정이는 〈인간극장〉에 나와야 할 애야!"라고 말한다. 난 어렸을 적에 말을 심하게 더듬던 아이였다. 심하게 말을 더듬거렸던 것이 중학교 2학년이 되어서야 웬만한 의사소통이 가능할 정도가 되었다. 하지만 그 후에도 긴장하거나 어떤 특정 단어를 말할 때는 말이 잘 나오지 않아 더듬거렸다. 말을 심하게 더듬던 아이가 방송의 꽃이라 불리는 아나운서가 되고, 대본 하나 없이 애드리브로 사람을 설득해야 하는 쇼핑호스트라는 직업을 갖기까지 얼마나 많이 피나는 노력을 했을지 상상해보라.

목소리는 절대 타고나는 것이 아니다. 후천적인 노력만으로도 내 목소리를 찾아 자신 있게 말할 수 있다. 이 책을 읽고 있는 독자 가운데 말을 심하게 더듬는 분도 계시겠지만 대부분이 이런 심각한 증상을 안고 목소리에 대한 훈련을 시작하는 것은 아닐 것이다. 다시 말해 여러분은 나보다 훨씬 더 유리한 출발선에서 목소리 훈련을 시작한다고 할 수 있다. 그렇기 때문에 이 책에서 소개하고 있는 목소리 훈련법을 실천에 옮긴다면 누군가에게 신뢰감을 줄 수 있는 좋은 목소리를 얻을 수 있다고 확신한다.

여러분은 이 책의 어느 한 부분도 놓쳐서는 안 된다. 내가 먼저 소리를 내보고 경험해보고, 이른바 20여 년간 '임상실험'을 거쳐 나온 좋은 목소리 훈련법이니 나를 믿고 따라와줬으면 좋겠다. 그러면 머지않아 다른 사람 앞에서 '내 목소리'로 한결 편안하고 자신 있게 말하는 나를 발견할 수 있을 것이다.

이 책은 크게 4부로 구성되어 있다. 우선 1부 '목소리가 당신의 인생을 바꾼다'에서는 스피치에 있어 목소리가 왜 중요한지에 대해 풀어놓았다. 목소리의 중요성을 잘 모르는 사람들은 "목소리 훈련을 왜 해?"라고 말한다. 하지만 이제 생각을 완전히 바꿔야 한다. 프로선수가 경기에서 훌륭한 성적을 내려면 반드시 몸을 푸는 스트레칭이 필요한 것처럼 우리의 말도 마찬가지다. 무대 위에 오르기 전 발음과 발성, 호흡 등의 스트레칭을 통해 나도 내기 편하고 상대방도 듣기에 편한 '나편너편' 목소리로 매력적인 메신저가 되어야 사람들은 내 말에 집중할 것이다.

2부 '내 안에 잠든 좋은 목소리를 깨워라'에서는 사람에게 호감을 줄 수 있는 2가지 목소리에 대해 서술했다. 사람에게 호감을 주는 목소리는 크게 2가지로 나뉜다. 목소리 안에 '공명(울림소리)'이 들어가 있는 소리, 그리고 소리 자체가 동그랗게 표현되는 '동그란 목소리'다. 즉 목소리 안에 공명을 넣고 동그랗게 표현한다면 사람을 설득할 수 있는 좋은 목소리를 가질 수 있다.

3부는 이 책의 내용 중 가장 중요한 부분이다. '좋은 목소리를 만드는 5가지 법칙'을 통해 어떻게 하면 소리 내기도 편하고 듣기에도 편한 좋은 목소리를 낼 수 있는지에 대한 구체적인 방법을 소개해놓았다. 말에 생명을 불어넣는 '리듬 스피치', 자기가 뱉은 말을 스스로 들어보는 '자기경청'을 통해 잘 들리면서도 다른 사람과 함께 호흡할 수 있는 목소리에 도전하자.

마지막 4부는 '좋은 목소리를 만들기 위한 실전 연습'으로 여러분들에게 큰 도움이 될 것이다. 만약 '내일 당장 프레젠테이션을 해야 한다면', 혹은 '내일 당장 면접을 봐야 한다면' 등 여러 가지 상황에 부딪혔을 때 실전에 바로 적용할 수 있는 방법들을 적어놓았다. QR을 통해 동영상도 제공하니 꼭 함께 시청해보자.

이 책을 읽는 데 그치지 말고 여러분이 반드시 하루에 최소 5분, 최대 1시간까지 목소리 훈련을 하기 바란다. 하루 30분 정도만이라도 꾸준히 목소리 훈련을 한다고 할 때 두 달이면 여러분의 목소리가 한결 안정되고 편안하게 나온다는 것을 느낄 수 있을 것이다. 딱 두 달이다! 그럼 그 후에는 좋은 목소리가 내 몸의 습관이 되어서 특별히 따로 연습시간을 두지 않아도 평상시에 말을 하면서 자연스레 좋은 목소리가 나올 것이다(좋은 발성으로 계속 말을 하면 목소리가 더욱 깊어진다).

갑자기 내일 발표를 앞두고 있거나 바로 10분 후에 나가서 스피치를 해야 한다면 '벼락치기 목소리 훈련법'이라도 해 반드시 목소리 스트레칭을 하고 무대에 올랐으면 한다. 목소리에 대한 고민을 무대 위에 올라가 해서는 절대 안 된다. 무대 위에서는 '내가 말할 콘텐츠를 얼마나 논리적으로 청중의 마음을 헤아리며 말할 것이냐'에만 온 신경을 집중해야 한다. 무대 위에서 너무나 작은 내 목소리, 너무나 명확하지 않은 나의 발음, 숨 가쁜 호흡 등에 신경을 쓰면 안 된다. 그러면 너무 늦은 것이다. 반드시 무대 위에 오르기 전에 미리 좋은 목소리라는 무기를 장착해놓아야 성공적인 스피치를 할 수 있다.

"교육은 남들이 모르는 사실을 알려주는 것이 아니라 그 사람이 그것을 알고 있다는 것을 깨닫게 해주는 것이다"라는 말이 있다.

여러분은 알고 있다. 어떤 목소리가 좋은 목소리인지, 그리고 그 좋은 목소리는 새로 만들어지는 것이 아니라 우리 몸 안에 고스란히 담겨 있으므로 우리는 단지 그 목소리를 깨우면 된다는 사실을 말이다. 상대방에게 진심으로 말할 때, 행복한 이야기를 할 때의 내 목소리는 참으로 아름답지 않은가? 하지만 남 앞에 서서 발표하거나, 면접을 볼 때 등 정신을 차릴 수 없이 떨리는 순간의 내 목소리는 좋은 하모니를 내기는커녕 흔들리고 주저앉는다.

이제 더 이상 망설이지 말자. 이제 언제 어디서든 당당하게 내 목소리를 낼 수 있는 방법에 도전해보자. 열심히 공부하고 훈련하면 사람들에게 호감을 얻을 수 있는 좋은 목소리를 가질 수 있다. 좋은 목소리도 기술이다. 기술을 익히는 데 가장 좋은 방법은 '반복'뿐이다.

"하루를 연습하지 않으면 발음을 잃으며, 이틀을 연습하지 않으면 공명을 잃으며, 사흘을 연습하지 않으면 화법의 모든 것을 잃는다"라는 말을 명심하자. 아나운서와 쇼핑호스트 등으로 9년여 동안 방송을 하면서 내 마음속에 항상 자리 잡았던 말이다. 어렸을 적에 말을 더듬거려 어른들께 항상 꾸지람을 들었던 내가 이렇게 '목소리'에 관한 책을 쓸 수 있었던 것은 '언젠가는 나도 사람들에게 신뢰감을 주는 목소리를 낼 수 있을 거야!'라는 강한 희망 덕분이었다.

이제 벗어나자. 두렵고 자신감 없는 목소리에서 벗어나보자. 카리스마 있으면서도 편안하고 신뢰감 있으면서도 살아 있는 목소리를 가져보자. 누가 들어도 '와! 저 사람 참 멋진 목소리를 가졌구나!'라는 생각이 들 수 있도록 우리도 한번 해보자.

사람들에게 신뢰감을 주는 목소리를 내고 싶은가? 언제 어디서든 당당하게 말하는 나 자신을 발견하고 싶은가? 내 안의 목소리를 찾아 노래 부르듯이 자연스럽게 말하고 싶은가? 그럼 '목소리'를 가꿔라. 목소리도 하나의 기술이다. 자, 이제 목소리 기술을 익혀 당당하게 다른 사람과 소통해보자.

임유정

목차

PART 2

내 안에 잠든 좋은 목소리를 깨워라

PART 3

좋은 목소리를 만드는 5가지 법칙

PART 4

좋은 목소리를 만들기 위한 실전 연습

목소리가 당신의 인생을 바꾼다!

내 안에 잠든 좋은 목소리를 깨워라!

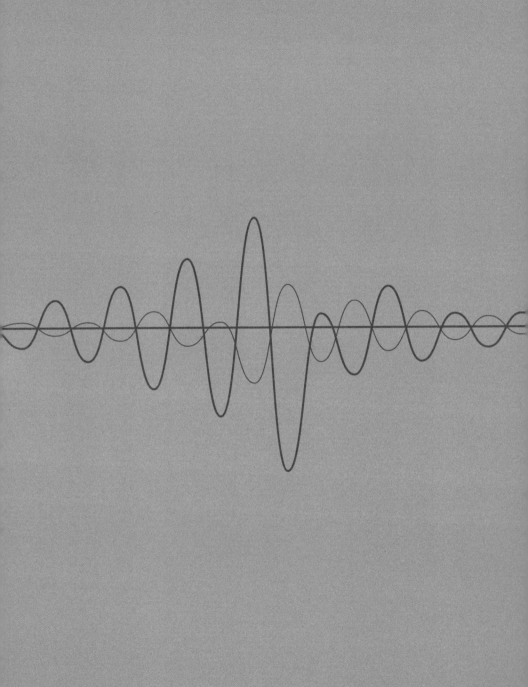

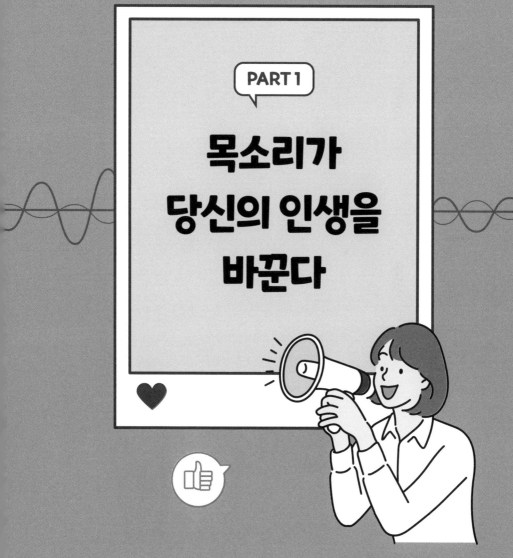

PART 1

목소리가
당신의 인생을
바꾼다

성공하고 싶다면
목소리부터 점검하자

머릿속에 있는 말을 목소리로 표현하는 경험을 반드시 해야 한다.
그래야 실전에서 흔들리지 않고 나 자신과 상대방을 이길 수 있다.

예전에 한 대학의 최고 경영자 과정에서 '아나운서처럼 말하고 쇼핑호스트처럼 유혹하라'라는 제목으로 강의를 했다. 최고 경영자 과정이다 보니 대부분 지역에서 사업을 하시는 분들이 수업에 참석하셨다. 근데 이게 웬일인가? 나를 소개해주는 교육 담당 직원분께서 말을 하는 내내 처음에만 목소리에 힘을 준 채 나머지는 말끝을 흐려버리는 것이 아닌가? 처음 3분은 사람들이 집중하는 듯했다. 하지만 이내 머리를 만지거나, 전화를 받거나, 옆에 있는 사람과 대화를 나누며 그분의 말을 듣지 않았다.

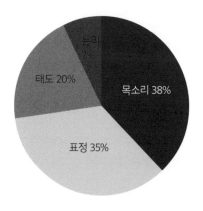

그림 1-1 | 메라비언의 법칙. 말을 할 때 목소리, 표정, 태도, 논리 순으로 상대방에게 영향을
미친다.

많은 사람이 좋은 스피치의 조건 가운데 '논리'를 가장 중요하다
고 생각한다. 하지만 현실은 그렇지 않다. 아무리 논리력을 갖췄다
고 해도 그 사람의 발음이 정확하지 않거나, 발성이 크지 않아 목소
리가 잘 들리지 않고, 표정까지 어두워 호감을 얻지 못하면 사람들
은 그 사람의 말에 집중하지 않는다.

물론 논리가 중요하지 않다는 말이 아니다. 스피치를 잘하기 위
해서는 논리적 구조를 갖춘 다양한 에피소드가 반드시 필요하다.
하지만 "메시지가 중요하지만 그것을 전달하는 메신저도 중요하
다"라는 말이 있듯이 너무 논리에만 치우쳐 아주 중요한 요소인
목소리와 보디랭귀지를 간과해서는 안 된다는 것이다. 커뮤니케
이션 학자 앨버트 메라비언(Albert Mehrabian)에 따르면 사람들은

'이 사람 참 말 잘하네!'라는 느낌을 목소리(38%), 표정(35%), 태도(20%), 논리(7%) 순으로 받는다고 한다. 즉 스피치를 잘한다는 것은 편안하고 정확한 목소리와 더불어 눈빛, 미소, 자세, 제스처 등의 보디랭귀지가 자연스럽고 거기다가 논리까지 갖췄음을 말한다.

생각해보자. 엄마의 '잔소리'는 굉장히 논리적이다. 내가 왜 공부를 해야 하는지, 왜 방을 깨끗하게 청소해야 하는지 정말 논리적으로 이야기한다. 하지만 그 논리적인 이야기가 왜 듣기 싫을까? 화가 가득한 하이톤의 음성, 나를 코너로 몰아세우는 무서운 눈빛을 우리는 그다지 좋아하지 않기 때문에 엄마의 말을 아예 들으려고 하지 않는 것이다.

취업하고 싶다면 목소리부터 점검하라

취업 면접을 준비하는 한 남학생이 있었다. 사람들이 소위 말하는 최고의 명문대인 S대를 다니는 친구였다. 근데 이야기를 들어보니 남들은 8학기에 마치는 대학을 10학기째 다니고 있다는 것이 아닌가? 궁금해서 그에게 물어봤다.

"왜 아직도 대학을 다니고 있어요?"

"제가… 취업을 하지 못해서요…. 학교를 떠날 수가 없어요…."

S대에 들어가기 위해 치열하게 공부했을 그 학생을 보며 '도대

21

체 뭐가 문제기에 아직 취업이 안 되었을까?라는 생각이 들었고 면접 수업을 시작했다. 근데 이게 웬일인가? 기어 들어가는 목소리, 웅얼거리는 발음, 느린 말투 등 정말 자신감은 찾아보려야 찾아볼 수 없는 목소리를 갖고 있었던 것이다.

면접은 '프로'를 뽑는 자리다. 프로다운 자신감과 책임감이 묻어나오는 목소리로 당당하게 이야기해야 면접관을 유혹할 수 있다. 하지만 이 남학생은 목소리에서 '난 너무 소심해요. 난 자신감이 없어요'라는 신호를 계속 면접관에게 보냈던 것이다. 이 남학생이 만약 초·중·고등학교 때 말하기에 대한 교육을 받았다면, 어땠을까? 어떻게 목소리를 내고 어떻게 말해야 하는지 훈련을 받았다면, 지금처럼 이렇게 자신감 없이 면접을 보지는 않았을 것이다.

실제 면접 현장에서 일하다 보면 면접관과 구직자의 눈높이가 굉장히 다르다는 것을 느끼게 된다. 예전에 행정안전부에서 주최하는 '행정인턴 프레젠테이션 대회'에 심사위원으로 위촉되어 참여한 적이 있었다. 그곳에서 누구나 들어가고 싶어하는 기업 1위인 S기업 인사 담당자분을 만났다. 평소 궁금했던 점이 있어 실례를 무릅쓰고 물어봤다.

"왜 S기업은 세 번이나 최종 면접에서 떨어졌던 사람을 네 번째 도전에 붙여주나요? 세 번이나 퇴짜를 놓은 사람을요!"

인사 담당자는 대답했다.

"휴, 그만큼 뽑을 인재가 없습니다. 할 수 없이 뽑는 거예요."

이렇듯이 면접관은 뽑을 사람이 없다고 아우성이고, 구직자는 자신을 뽑아주는 곳이 없다고 아우성이다. 왜 그럴까? 난 '스피치 불통(不通)' 때문이라고 생각한다. 갈수록 높아져가는 면접관의 스피치 눈높이에 면접자들이 맞춰주지 못하기 때문이다.

예전에는 면접은 형식에 불과했고 기본 스펙(학점, 영어 등)만으로도 얼마든지 회사에 합격할 수 있었다. 하지만 지금은 그렇지 않다. 면접에서 나 자신을 얼마나 잘 표현할 수 있느냐가 가장 중요한 합격 요소가 되어버렸다. 면접에서 당당하게 열정적으로 나 자신을 표현해야 합격이라는 기준선을 뛰어넘을 수 있다.

하지만 이렇게 중요한 면접을 대부분 학생들은 '면접관 앞에만 서면 왜 난 작아지나요?' 하며 기어 들어가는 목소리, 너무 커 오버스러운 목소리, 심장의 떨림이 목소리로 바로 표현된 떨리는 목소리로 보곤 한다. 이제 내 목소리를 찾아 당당하게 면접을 보자. 열정과 따뜻함으로 무장한 내 목소리로 말이다.

명강사, 연기자가 되고 싶다면 목소리부터 점검하라

스피치 교육의 부재로 구직자들만 힘들어하는 것은 아닌 것 같다. 내 주변에는 여러 교육 현장에서 강사로 활동하고 계신 분들이 많다. CS(친절, 고객 만족) 강의를 하시는 강사분이 있다. 계란형 얼굴에 호감 가는 미소와 강의에 활용할 수 있는 다양한 에피소드를 갖추고 있는, 우리가 흔히 '명강사'라고 부르는 분이다.

하지만 한 가지 고민이 있었는데 그것은 바로 '하이톤의 음성'이었다. 하루에 강의를 8시간 정도 하는데 목소리 톤이 높고 속도가 빠르다 보니 말하는 강사도 지치고, 강의를 듣는 청중들도 본인의 말을 듣는 데 시끄러움을 호소한다는 것이다. 더군다나 높은 톤으로 계속 성대를 쥐어짜듯이 말을 하다 보니 '성대결절'이 생겼고, 더 이상 강의를 할 수 없게 되자 고심한 끝에 라온제나를 찾아오셨다.

성대결절의 경우 수술을 통해 고치는 것도 좋은 방법일 수 있으나 강사들의 경우 기존의 말하는 습관을 바꾸지 않으면 재발하는 일도 많아 '발성 습관'을 바꾸는 노력이 더 중요하다. 이분은 자기 몸에 맞는 '자기 목소리 찾기'와 목소리 안에 '공명'을 넣는 훈련을 통해 몸 전체를 울려 소리를 내는 발성법을 공부한 결과 수술을 하지 않고도 좋은 목소리를 얻을 수 있었다.

TV 속에 나오는 연기자들도 마찬가지다. 체계화된 발음·발성법을 배우지 않아 목소리 연기와 대사 전달에 어려움을 겪는 연기자들이 많다. TV를 보다 보면 어떤 연기자의 연기는 그 안으로 쫙 흡수될 수 있을 정도로 흡입력을 갖고 있는가 하면, 어떤 연기자의 연기는 정확하지 않은 발음이 자꾸 귀에 거슬려 연기에 몰입할 수 없기도 하다. 또한 즐거울 때나 슬플 때나 목소리 톤이 일정해 지루함을 주는 연기자들도 있다. 이런 경우 발음과 발성을 또렷이 하는 목소리 훈련과 더불어 대사의 내용에 따라 말에 생명력을 넣는 보이스 기법이 필요하다.

자신감 있는 프레젠테이션의 시작은 바로 목소리

건설업계에서 30여 년 가까이 감리 일을 하신 상무님이 얼마 전 고민을 안고 라온제나를 찾아오셨다.

"예전에는 일만 잘하면 됐는데… 지금은 아니에요. 공사를 따려면 심사위원 앞에서 프레젠테이션을 잘해야 한다니까요…."

건설업계도 말을 잘하지 못하면 살아남을 수 없는 곳이 되어버렸다. 상무님은 허스키한 목소리, 웅얼거리는 발음, 리듬감 없는 평탄조의 목소리를 갖고 있었지만 훈련을 통해 좀 더 또렷한 목소리를 만들고 나니 한결 자신감 있는 프레젠테이션을 할 수 있었다. 그 결과 80억 원이 넘는 공사 수주를 따내 회사에서 스타가 되었다.

어느 성공한 CEO에게 "당신이 성공하기까지 어떠한 능력이 가장 뒷받침이 되었나요?"라고 물었다. CEO는 바로 "프레젠테이션 능력입니다"라고 답했다. 자기가 가진 콘텐츠를 얼마나 잘 표현할 수 있느냐가 성공의 척도가 된 셈이다.

대학교 시절, 조 발표를 통해 잘하는 팀에게 좋은 성적을 주겠다는 교수님의 말씀에 따라 조를 편성한 뒤 열심히 프레젠테이션을 준비했다. 한 친구는 PPT를 직접 만들고, 한 친구는 아이디어를 계속 냈다. 그런데 한 친구는 모임에 잘 참석하지도 않고 참석해도 딴짓만 했다. 참다못한 다른 팀원이 "넌 아무것도 한 것이 없으니 네가 발표해!"라고 말했다. 그 친구는 발표에 대한 경험이 많았기 때문에 별다른 스트레스 없이 나가서 발표를 했다. 결과가 좋아서 팀 전체가 A라는 성적을 얻었다. 그럼 A+는 누가 받을까?

상황에 따라 다르겠지만 아무래도 사람들 앞에서 발표를 한 사람이 받을 가능성이 크다. 억울하지만 어쩌랴. 사람들은 누가 아이디어를 냈는지, 누가 더 성실하게 참여했는지 시시비비를 가리기보다는 눈에 보이는 결과를 믿는다.

프레젠테이션을 잘하려면 많은 것들이 필요하다. 무엇보다 전쟁터에 나가서 싸우는 군인에게 총알이 필요하듯이 프레젠테이션을 잘하려면 에피소드라는 총알이 반드시 필요하다. 하지만 총알만으로 발표를 잘할 수 없다. 전쟁터에 나가기 전에 많은 실전 연습을 해야 한다. 목소리 연습은 전쟁터에 나가기 전에 꼭 해야 하는 실전 연습과도 같다. 머릿속에 있는 말을 목소리로 표현하는 경험을 꼭 해야만 실전에서 흔들리지 않고 나 자신과 상대방을 이길 수 있기 때문이다.

이렇듯이 나이와 직업을 떠나 정말 필요한 '목소리 훈련'이지만 우리는 학교를 다니면서 목소리에 대해 배울 수 있는 기회가 없었다. 더군다나 남자들의 경우 "침묵은 금이다"라는 어른들의 말씀에 입을 열기보다는 닫은 것이 사실이다.

스피치 교육을 하다 보면 수강생들이 이런 말을 많이 한다.

"젊었을 때 진작 배워둘 걸… 왜 이제야 배웠을까?"

지금도 늦지 않았다. "아는 만큼 보인다"라는 말이 있다. 지금부터라도 스피치를 훈련해 스피치의 정확한 기준을 세운다면 앞으로 펼쳐지는 세상은 그전과는 확연히 다른 '스피치가 놀이가 되는 세상'을 만나게 될 것이다.

스피치를 잘하고 싶은가? 그럼 스피치의 중요한 요소 중 한 가지인 보이스 훈련을 통해 당당히 이야기해보자. 지금껏 교육을 통해 목소리 내는 법에 대해 배우지 못했다면, 이제 이 책의 훈련법을 통해 목소리에 대해 많이 알고 꼭 좋은 목소리를 내 것으로 만들어 당당하게 다른 사람과 소통해보자.

목소리는
그 사람의 이미지다

목소리는 그 사람의 내면을 알 수 있는 중요한 2차적 이미지다.
목소리에 관심을 가져 누구에게나 호감이 가는 사람으로 기억되자.

예전 MBC 아침 프로그램에서 라온제나를 방문한 적이 있었다.
남자 2명과 주부 14명을 모시고 한 가지 조사를 했다. 한 남자는
굉장히 키도 크고 잘생겼다. 하지만 목소리는 평범했다. 또 다른
남자는 키도 작고 못생겼다. 하지만 목소리는 완전 아나운서였다.
블라인드를 쳐서 남자들의 얼굴이 보이지 않게 한 다음 주부님들
에게 "어떤 사람에게 더 호감을 느꼈나요?"라고 물었다.

주부님들이 누구에게 올인했을지 상상이 갈 것이다. 당연히 얼
굴이 보이지 않았기 때문에 '목소리 좋은 남자'였다. 블라인드를 제

거해 남자들의 얼굴을 보여주자 주부님들이 소리를 지르시고 난리가 났다. 어떤 주부님은 눈물도 흘리셨다. "왜 눈물까지 흘리세요?"라고 물어보니 "당연히 목소리가 좋으니까, 얼굴도 잘생겼을 기라 생각했는데 너무 실망스럽다"라고 말하는 것이었다. 얼굴은 보지도 않고 목소리로만 그 사람을 그리는 것이다. 바로 목소리가 그 사람을 나타내는 하나의 '이미지'이기 때문이다.

우리는 목소리만을 듣고 그 사람이 어떤 사람인지 가늠할 때가 많다. 목소리가 따뜻하고 밝으면 '아, 이분은 긍정적인 성격을 갖고 있구나', 목소리에 작고 힘이 없으면 '이분은 매사에 자신감이 없는 사람이야', 목소리 톤이 높으면 '이분은 흥분되어 있는 상태구나' 하고 생각한다. 또한 전화기 너머로 들리는 애인의 날카로운 음성에 '아, 오늘은 조심해야겠다!'라고 판단하는 등 우리는 상대방의 목소리를 통해 그 사람의 성격과 지금 어떤 상황인지 유추할 수 있다. 그래서 목소리는 "듣는 것이 아니라 보는 것이다"라는 말도 있지 않은가?

목소리는 그 사람의 이미지다. 헤어와 패션이 그 사람을 알 수 있는 1차적 이미지라면 목소리는 그 사람의 내면을 알 수 있는 2차적 이미지다. 외면을 아무리 꾸며도 내면의 목소리가 뒷받침해주지 않으면 상대방의 기억 속에 좋은 이미지로 남을 수 없을 것이다. 이제 나의 내면을 알 수 있는 2차적 이미지인 목소리에 관심을 가져 호감이 가는 사람으로 기억되자.

목소리는 그 사람의 인격이다

'신언서판(身言書判)'이라는 고사성어가 있다. 중국 당나라 때 관리를 등용하는 시험에서 인물을 평가하는 기준으로 삼았던 몸, 말씨, 글씨, 판단, 이 4가지를 이르는 말이다. 즉 사람을 평가할 때 그 사람의 외모뿐만 아니라 말과 글, 그리고 판단력을 중점으로 보고 어떤 사람인지 가늠해보았다는 것이다.

땅에 끌릴 정도로 긴 밍크코트에 귀에는 치렁치렁한 귀걸이를 하고 손가락에는 동전 크기만 한 다이아몬드 반지를 낀 친구가 동창회 모임에 왔다. 과연 그 사람의 목소리는 어떨까? 물론 상대방을 배려하는 따뜻한 목소리를 가지고 있을 수도 있다. 하지만 '내가 오늘 동창회에 가서 친구들 기를 팍 꺾어놔야지!'라고 미리 생각했다면, 그 사람의 목소리에는 '너희들 나 부럽지?'라는 자만이 가득할 것이다.

예전 쇼핑호스트로 근무하던 시절에 일에서는 정말 인정받는 부장님이 계셨다. 근데 이분은 말투가 불친절해 종종 오해를 사고는 했다. 매일 아침에 쇼핑호스트실로 들어서며 "안녕하세요!" 하고 활기차게 인사를 해도 이분의 대답은 "어!" 단 한 마디뿐이었다. 그것도 아예 책상에서 머리를 들지 않고 골똘히 일하며 무미건조한 목소리로 대답을 하는 것이었다. 그분은 회의를 진행할 때나 식사를 할 때도 항상 불평불만이 가득한 퉁퉁거리는 목소리로 말씀을 하셨다.

기분이 좋다가도 그 부장님과 5분 이상 대화를 나누면 나도 모르게 우울해지는 이유는 무엇이었을까? 그것은 바로 '둥명스러운 목소리'로 인해 나의 마음마저 우울해졌기 때문이다. 다른 사람에게 좋은 에너지를 전달해주지 못할 바에는 다른 사람의 좋은 에너지를 빼앗지는 말아야 하지 않을까?

목소리는 그 사람의 인격이다. 항상 투덜투덜 부정적인 목소리로 말하는 사람들, 그리고 입만 열면 거친 목소리로 음담패설을 내놓는 사람들에게 인격을 느끼기는 어렵다. 한번 생각해보라. 길을 지나가는데 매우 깔끔한 정장을 입은 사람을 만났다. 하지만 그 사람이 입을 여는 순간 "십장생! 이 개나리 같은 인간!"이라고 말한다면 그 사람의 좋았던 첫 이미지는 물거품이 될 것이다. 목소리는 그 사람의 인격을 나타내는 지표다. 좋은 목소리로 나의 인격 지수를 높여보자.

목소리는 신체적 건강을 체크할 수 있는 청진기

배가 아파 컨디션이 좋지 않다면 좋은 목소리로 말을 할 수 없다. 의사 선생님에게 "선생님, 제가 배가 아파요!"를 씩씩하고 당당하게 말할 수 있는 환자가 어디에 있을까? 모기만 한 소리와 다 죽을 것 같은 소리로 "배가 아파서 죽을 것 같아요…"라고 간신히 말할 것이다.

얼마 전 한 공기업의 사장으로 취임을 하게 된 분과 취임사 수업을 진행한 적이 있었다. 음성을 분석하기 위해 원고 낭독을 부탁드렸는데 음성만 들으면 실제 나이보다 열 살은 나이가 더 들어 보이는 음성을 내고 계신 것이 아닌가? 너무 낮은 저음에, 입을 벌리지 않아 부정확한 발음, 목소리에 무언가가 낀 듯한 깨끗하지 않은 음질은 피곤해 보이기까지 했다. 건강이 괜찮으신지 여쭤보니 얼마 전부터 건강이 좋지 않아 약과 함께 식이요법을 병행하고 있다고 말씀하셨다.

이처럼 목소리는 그 사람의 신체적 건강을 알 수 있는 청진기의 역할을 한다. 건강한 목소리는 건강한 몸에서 나온다. 목소리는 폐에서 올라온 풍부한 숨이 성대를 거쳐 울림을 가지게 된 후 입이라는 문을 거쳐 나오게 된다. 이렇듯이 목소리는 몸이라는 악기를 통해 나오는 것이므로 건강한 몸을 갖고 있지 않으면 좋은 목소리를 낼 수 없다.

지금은 작고하셨지만 대표 장수프로그램 〈전국노래자랑〉의 진행을 맡으셨던 송해 선생님을 떠올려보자. 어떤가? 송해 선생님께서 "전~~국! 노래자랑!"이라고 크게 외칠 때의 모습과 그냥 가만히 서 계실 때의 모습 중에서 어떤 모습이 더 건강하고 열정적으로 느껴지는가? 당연히 전자일 것이다. 아흔이 넘은 나이에도 불구하고 당당히 말하는 목소리에서 나이를 잊게 하는 자신감과 카리스마를 느낄 수 있다. 건강한 목소리 연출로 지금의 나이보다 훨씬 더 열정적이고 생동감 넘치는 나 자신을 만들어보자.

목소리는 확실한 자기 PR의 도구

반포대교 아래 잠수교를 지나가다 보면 한여름에 웃통을 벗고 식스팩을 자랑하는 멋진 남성들의 모습을 심심찮게 볼 수 있다. 상상해보시라. 이때 아주 잘생긴 남자가 내게 다가온다. '어머, 왜 나한테 오는 거지? 나한테 관심 있나? 어떻게 해. 떨려' 하는 기대가 들 수밖에 없다. 그런데 그 남자, 혀 짧은 소리로 하는 말이 가관이다.

"더기요. 옷 뒤딥어 입으뎠더요."

헉! 창피한 것은 둘째치고 '이 남자 말하는 게 왜 이래?'라는 생각이 들 것이다.

여자들은 잘생긴 남자를 보고 좋은 목소리를 상상한다. '이 남자 잘생긴 외모만큼이나 목소리가 좋겠지'라고 말이다. 하지만 축구스타 베컴의 목소리를 상상해보시라. 베컴의 목소리를 듣고 '목소리가 왜 이렇게 가늘어? 정말 실망이야'라고 생각했던 여성 팬들이 꽤 많았을 것이다.

이렇듯이 아무리 외모가 좋아도 목소리가 좋지 않으면 오히려 더 많은 서운함을 안겨줄 수 있다. 반대로 외모는 그다지 화려하지 않지만 목소리가 좋으면 '이 사람한테는 내가 모르는 무언가가 있을 거야'라는 기대감을 품게 된다. 적극적으로 자기 PR을 해야 하는 세상에 목소리는 자신을 표현할 수 있는 강력한 도구임이 틀림없다.

'디지털 무언족'이라는 말이 있다. 휴대전화나 이메일이 없던 예전에는 직접 만나 대화를 나눠야 했지만 지금은 어떤가? 직장에서는 메신저와 이메일로 업무를 이야기하고, 아이들은 친구들과 전화보다는 문자나 SNS로 더 많은 대화를 한다. 이렇듯이 말로 소통하는 기회가 적어지다 보니 결정적인 순간에 사람을 만나 말로 자기 의사를 잘 표현할 수 있는 사람이 적어지고 있다.

즉 워낙에 말을 하지 않고 살다 보니 적극적으로 나 자신을 표현해야 하는 기회가 왔을 때 그 기회를 잡지 못하는 경우가 많다. 만약 당당하고 열정적인 목소리를 평상시에 연습해 자신감 있게 회의나 프레젠테이션을 진행한다면 훨씬 더 나 자신을 잘 PR할 수 있을 것이다.

목소리 수업을 하다 보면 '거미줄 친 목소리'를 가진 분들을 심심

치 않게 만난다. 오랫동안 사용하지 않아 집 구석구석에 거미줄이
쳐 있는 것처럼, 워낙 말을 하지 않아 입에 거미줄이 쳐 있는 듯한
느낌이 드는 분들이다. 자신감 있고 따뜻한 목소리로 내 자신을 표
현해보자. "언어와 목소리는 신이 인간에게 준 유일한 선물이다"라
는 말이 있다. 인간만이 가질 수 있는 고귀한 선물을 반드시 사람
들과 나누고 좀 더 좋은 목소리로 나의 이미지를 제고시켜보자!

목소리는 진정한
자기 찾기의 시작이다

지금 말하는 목소리는 내 안의 울림을 통해 만든 목소리가 아니다.
기존의 말하던 습관에서 벗어나 내 안에 잠든 목소리를 깨워보자.

라온제나에 40대 중년의 남성분이 찾아오셨다. 얼굴에는 검은 수심이 가득했다. "어떻게 오셨어요?" 하고 물으니 "세상 사는 것에 자신이 없습니다. 내가 누구인지 모르겠고 다른 사람과 어떻게 눈을 맞추고 대화해야 하는지도 잘 모르겠습니다"라고 했다. 그 이유를 들어보니 얼마 전 부인과 이혼했는데, 그 이후로 아무것도 할 수 없고 자신이 누구인지도 모르겠다는 것이었다.

나는 이혼의 충격으로 사라진 그분의 목소리를 하나씩 조심스레 꺼냈다. 처음에는 앞에 나가 자신의 목소리를 내는 것도 힘들어

했지만, 수업이 끝나는 날에는 손수 오프닝 음악까지 준비해와서 틀어놓고 밝은 표정으로 말하는 그분의 모습을 보니 참으로 기뻤다.

"원장님, 전에는 누구와 대화를 나누는 것조차 힘들었어요. 상대의 눈도 마주치지 못할 정도였죠. 하지만 이제는 당당하게 자신에 대해 말할 수 있어요. 내가 얼마나 멋진 사람인지 알게 되었기 때문이죠."

이분을 보며 스피치 교육이 단지 목소리를 훈련하는 것이 아니라 진정한 나 자신을 찾게 해주는 강력한 에너지가 된다는 사실을 알게 되었다. 자꾸 움츠러드는 나 자신을 이제 밖으로 드러내고, 내 목소리를 내보자. 또 많은 청중이 있는 곳에서 내 목소리를 더욱 크게 내보자. 방망이질하듯이 쿵쾅거리는 내 심장의 소리를 느껴보자. 그것은 떨림과 무서움의 증표가 아니다. 내가 살아 있다는 증거이자 내 안의 내가 틀을 깨려는 외침이다.

자, 이제 당당하게 목소리를 내보자. 힘껏 자신감 있게 말이다. 그럼 내가 살아 있다는 것과 내가 어떤 사람인지 알게 될 것이다.

자기 찾기의 지름길, 키톤 찾기

난 솔직히 처음부터 말에 대한 달란트가 있는 사람은 아니었다. 우연한 기회에 방송을 하게 되었고, KBS 리포터 시절에 별명은 '울보'였을 정도로 내 방송 실력은 형편없었다. "방송은 실력이 인격이다"라는 말이 있다. 방송 실력이 없으면 그만큼 인간 대접을 받기 힘들다는 것이다. 난 정말 '무인격' 상태로 6개월이라는 시간을 보냈다.

그런데 중요한 것은 내가 가만히 당하고만 있지는 않았다는 것이다. 목소리는 어떻게 하면 좋아지는지, 방송은 어떻게 하면 잘할 수 있는지 항상 선배님에게 물어봤다.

"선배님! 어떻게 하면 목소리가 좋아질 수 있을까요?"

"음… 식초에 달걀노른자를 타 먹어봐. 그럼 좋아질지도 몰라."

이 책을 읽고 있는 우리 소중한 독자분들은 절대로 따라하지 마시라. 위 다 망가진다. 달걀에 들어 있는 단백질이 몸을 건강하게 해 소리가 좋아질 수는 있으나 식초의 산 성분이 위를 다치게 할 수도 있다.

여하튼 당시에 난 이것을 6개월 동안 먹었다. 근데 이것을 먹어서 그런지 정말 6개월 뒤에 목소리는 좋아지긴 했다. 하지만 지금 생각해보니 그것은 식초달걀 때문이 아니라 꾸준한 발음·발성 훈련 덕분이었다.

그러던 어느 날 아침에 KBS에서 교통방송을 담당하는 작가에게 전화가 왔다. 교통방송을 하러 가던 선배가 갑자기 교통사고가 나서 방송을 할 사람이 없다는 것이다. 네 집이 가까우니 빨리 가서 교통방송을 하라는 말도 함께였다. 난 순간 눈물이 나왔다. 기

뻠의 눈물이 아니라 또 못해서 혼날 거라는 두려움의 눈물이었다. 하지만 나에게 선택권은 없었다. 눈물을 머금고 교통방송 마이크 대 앞에 앉았다. 귀로 아나운서의 음성이 들려왔다.

"교통정보센터에 나가 있는 임유정 리포터 불러봅니다. 임유정 리포터~!"

난 자포자기하는 심정으로 교통상황을 방송했고 두려움에 떨며 방송국으로 향했다. 그런데 나를 그렇게 무시하던 작가 선배가 내 인사를 받는 것이 아닌가? 그러면서 하는 말이 "야, 너 오늘 좀 하더라!"였다.

순간 난 내 귀를 의심했다. 난 정말 신기했다. 어떻게 하루아침에 나에 대한 평가가 이렇게 달라질 수 있단 말인가? 내가 방송한 테이프를 꺼내 들어봤다. '와우~!' 그날 방송한 내 목소리는 정말 아나운서 같았다. 전문 방송인 말이다.

안정적이고 편안한 목소리, 잘 들리는 발음의 이유는 무엇일까? 어제까지 되지 않던 목소리가 왜 하루아침에 갑자기 안정을 찾은 것일까? 그것은 바로 내 몸에 맞는 '키톤(Key Tone)'을 찾았기 때문이다. 키톤은 자신의 몸에 맞는 목소리를 말한다. 자신의 발에 맞는 신발 사이즈가 있고, 자신의 몸에 맞는 옷 사이즈가 있는 것처럼 우리의 목소리도 내 몸에 맞는 목소리 사이즈가 있다. 우리는 그것을 '키톤'이라고 부른다.

내 몸에 맞는 목소리는 따로 있다

키톤은 마치 맞춤 정장처럼 내 몸에 딱 맞아떨어진다. 그래서 따로 꾸밀 필요도 없고 억지스러울 필요도 없다. 자연스럽고 편안하다. 또한 듣는 사람들도 편하게 들을 수 있다. 똑같은 아나운서여도 어떤 아나운서의 목소리는 편안하면서 신뢰감이 있지만 어떤 아나운서의 목소리는 톤이 너무 높아 불안하게 들리기도 한다. 그것은 바로 자신의 목소리, 즉 키톤에 맞는 목소리로 말하고 있느냐 아니냐의 차이다.

예전에 한 프로그램에서 방송인의 목소리를 바꿔주는 코너에 출연한 적이 있다. 모델처럼 날씬한 외모에 예쁜 얼굴을 가진 개그우먼이었지만, 실제로 만나 목소리를 들어보니 예쁜 외모와는 어울리지 않게 하이톤에 우는 듯한 음성, 비강음(코에서 소리가 나오는 것) 등을 갖고 있어 목소리 교정이 절실한 상황이었다.

먼저 상대의 톤 찾기에 들어갔다. 호흡을 내리고 톤을 내린 다음 코가 아닌 입 쪽에서 소리가 나오게끔 목소리 훈련을 했다. 그 결과 한결 편안하고 밝은 음성이 나왔다. 그때 그 개그우먼이 목소리 교정을 받고 나서 한 말이 있다.

"말하기가 정말 편해졌어요!"

자신의 키톤을 찾으면 소리내기가 정말 편안해진다. 그래서 자신의 목소리 찾기가 중요한 것이다.

그림 3-1 | 갈비뼈 중간 공명점을 누르는 모습. 우리가 명치라고 부르는 공명점을 누르고 "아~" 라고 소리를 낼 때 나오는 편안하고 안정된 음이 자신의 몸에 맞는 키톤이다.

난 지금도 여자치고는 낮은 중저음의 키톤을 갖고 있다. 하지만 리포터를 처음 시작할 때에 나의 톤은 높은 음이 맞다고 생각했다. 게다가 분위기를 띄우기 위해 내 톤보다 높은 하이톤으로 이야기를 한 것이었다. 하지만 교통방송을 할 때의 톤은 높은 리포터 톤보다는 낮은 아나운서 톤에 가까웠다. 그 방송을 하면서 난 내 몸에 맞는 키톤, 즉 '내 몸에 맞는 목소리'를 낸 것이다.

그 후로 난 나의 키톤이 높은 영역이 아닌 낮은 영역대에 있다는 사실을 알았고, 점차 안정적인 목소리를 낼 수 있었다. 그런데 이게 웬일인가? 목소리에 대한 자신감이 붙으면서 방송에서도 한결 당당하고 자신감 있는 나 자신을 발견하게 된 것이다. 내 몸에 맞는 목소리를 찾게 되자 앞에 나가 나를 표현하는 것이 한결 자연스

41

러워졌고, 이후 난 방송생활에 '자신감'을 얻게 되었다.

자, 여러분도 키톤을 찾고 싶은가? 키톤을 찾는 방법은 매우 간단하다. 편안하게 선 자세를 취해보자. 어깨를 내려 몸의 긴장을 풀자. 몸이 너무 긴장되어 있으면 내 몸을 울려서 소리를 낼 수 없다. 팔을 아래로 툭툭 털어주자. 그런 다음 〈그림 3-1〉처럼 제일 아래에 있는 갈비뼈 중간 지점을 손가락으로 눌러주자. 우리가 일명 '명치'라고 부르는 이 부분을 손가락으로 눌러주며 "아~~"라고 말을 해보자. 어떤가? 평상시 내가 말하는 톤보다 훨씬 더 편안하고 안정된 음이 나오지 않는가? 이때 나오는 음이 자신의 몸에 맞는 '키톤'이다.

키톤을 찾으면 입에서 머물기만 하던 단어가 입 밖으로 자연스럽게 나오는 느낌을 받을 수 있다. 말을 잘하고 싶어도 단어가 버퍼링 걸린 것처럼 입에서만 맴도는 경우가 있다. 이것은 내 키톤을 찾지 못해 잘못된 곳에서 소리가 나오기 때문이다. 키톤을 찾으면 한결 정확하고 부드럽게 단어가 입 밖으로 흘러나오는 것을 느끼게 된다.

이제 시작이니 '잘 모르겠는데!'라고 생각해도 괜찮다. 지금은 '아! 내 몸에 맞는 키톤은 이렇게 해서 찾는 거구나'라고 생각만 해도 된다. 책 곳곳에 키톤에 대한 이야기를 풀어놓았으니 지금은 '키톤'을 찾는 위치만 기억해두면 된다.

자기 찾기는 머릿속으로 하는 숨바꼭질이 아니다. 술래는 몸으로 직접 꽁꽁 숨어 있는 사람들을 찾아야 한다. 머릿속으로 유럽을 종단 횡단할 수 없듯이 자기를 찾기 위해서는 직접 몸으로 해야 한다. 즉 앞에 나가 당당하게 이야기하는 자기 자신을 찾기 위해서는 직접 몸으로 소리를 내는 연습을 통해 자기 목소리를 찾아야 하는 것이다.

하지만 기존의 목소리를 내던 틀에서 벗어나 내 목소리를 찾는다는 것은 쉽지 않다. 법정스님은『살아 있는 것은 다 행복하라』라는 책에서 "버리고 떠난다는 것은 곧 자기답게 사는 것이다. 낡은 탈로부터, 낡은 울타리로부터, 낡은 생각으로부터 벗어나야 새롭게 시작할 수 있다"라고 말씀하셨다. 기존의 말하던 습관에서 벗어나 새로운 내 안에 잠든 목소리를 깨워보자. 지금 내가 내는 목소리는 오로지 내 안의 울림을 통해 만든 목소리라기보다는 어렸을 적에 '여자는 목소리가 이래야 해. 남자는 저래야 해'라는 말에 강요된 목소리일 가능성이 크다. 자, 이제 내 안에 잠든 내 목소리를 깨워보자.

목소리가 좋은 연예인

목소리가 좋은 남자 연예인 베스트 3

<u>한석규</u>　좋은 목소리는 공명이 들어가 있으며 동그랗게 표현이 된다. 배우 한석규의 목소리에는 사람의 마음을 울릴 수 있는 공명과 동그란 어조가 들어가 있다. 이렇게 좋은 소리를 내려면 목소리의 3가지 메커니즘, 즉 발음과 발성, 호흡이 서로 잘 맞아떨어져야 한다. 한석규의 목소리는 이 3가지를 완벽히 소화해낸 '천상의 목소리'라고 표현할 수 있다. 그래서 한석규의 목소리는 참으로 좋다.

목소리가 좋은 사람은 두 종류로 나뉜다. 원래부터 좋은 목소리를 타고난 사람과 노력해서 목소리가 좋아진 사람이다. 배우 김명민이 노력해서 얻은 목소리라면, 한석규는 원래부터 타고난 목소

리라고 할 수 있다. 그다지 많은 에너지를 넣지 않음에도 불구하고 정확한 발음과 발성이 나오는 것을 보면 아우토반을 달리는 고급 세단의 모습이 연상된다. 한석규는 자동차의 엔진에 비유할 수 있는 호흡이 태생적으로 아주 훌륭하다는 생각이 든다.

이병헌 이병헌의 연기에 시청자들이 몰입하는 이유가 무엇일까? 어떤 연기든 신뢰를 주고 진지하게 다가서는 '공명 목소리'가 한몫을 한다고 생각한다. '공명이 잘된 목소리'는 공기의 흐름 때문에 몸 밖으로 멀리 퍼져나가지만 '공명이 안 된 목소리'는 입안에서 소멸되어 약하게 퍼진다. TV를 넘어 나의 가슴까지도 파고드는 공명 목소리로 인해 우리의 마음까지도 함께 울리게 된다. 어떤 때는 이병헌의 목소리가 매우 좋아서 어떤 말을 하든 그냥 좋을 때가 있다. 마치 가사는 잘 모르지만 마음속에 큰 울림으로 남았던 어린 시절의 팝송처럼 말이다.

유재석 예전에 유재석이 <무한도전>에서 내레이션을 한 적이 있었다. 어찌나 목소리가 좋던지! 유재석의 목소리는 한석규와 이병헌보다 높은 음역대에 있지만 이는 원래 음이 높아서라기보다는 예능의 특성상 분위기를 살리기 위해 높은 톤을 하나의 수단으로 사용하기 때문이다. 목소리의 톤은 높지만 저음의 공명이 자리 잡아주고 있기 때문에 안정감 있게 들린다. 간혹 유재석도 예능에서 오버하는 연기를 보여준 적이 있다. 하지만 좋은 목소리 덕분에 신뢰감이 있는 이미지가 기본으로 깔려 있어 사람들에게 꾸준한 공감을 얻을 수 있는 것이다.

목소리가 좋은 여자 연예인 베스트 3

이영애 예전에 배우 이영애를 가깝게 볼 수 있는 기회가 있었다. 이영애가 모델로 출연했던 건설회사 CF에서 함께하게 된 것이다. 가까이에서 본 이영애에게는 어떤 섬광과도 같은 빛이 반짝거렸다. "안녕하세요. 이영애 씨! 오늘 함께 CF를 찍을 임유정이라고 합니다" 하고 인사를 건네자 "어머, 안녕하세요. 오늘 CF를 같이 찍으신다고요? CF 찍는 게 보통 일이 아닌데 오늘 고생 많이 하시겠어요! 우리 한번 잘해봐요" 하며 나에게 상냥하게 미소를 짓는 것이 아닌가? 와! 정말 깜짝 놀랐다. 이영애의 아름다운 얼굴에 한 번 놀랐고, 목소리에서 느껴지는 편안한 울림소리에 또 한 번 놀랐다.

사실 발성학자들이 목소리가 좋은 연예인으로 이영애를 선택했을 때 난 '글쎄'라고 생각을 했었다. 하지만 실제 이영애를 만나 보니 목소리는 크지 않았지만 상대를 진정으로 생각하는 깊은 울림을 느낄 수 있었다. 이영애가 <친절한 금자씨>, <대장금> 등 다양한 연기를 우리에게 보여줄 수 있었던 것은 이런 목소리 내공이 있었기 때문일 것이다.

고현정 "너희들은 지금껏 무엇을 했느냐? 난 이 신라를 지켰다!"
많은 인기를 누렸던 <선덕여왕>이라는 드라마에서 미실(고현정 역)
이 했던 대사다. 이 드라마에서 배우 고현정은 자신감 있고 위엄 있
는 미실의 역할을 잘 소화해 그 해 연기 대상을 거머쥐기도 했다.
이때 고현정의 목소리를 잊을 수 없다. 힘과 부드러움이 조화를 이
루며 하나의 울림을 만들어내는 목소리. 고현정이 그 드라마를 찍
기 전에 인터뷰에서 "요즘 목소리에 대한 공부를 하고 있어요"라
고 한 말이 떠올랐다.

김남주 예전에 김남주가 휴먼 다큐멘터리의 내레이션을 했는데 정
말 깜짝 놀랐다. '누군데 이렇게 목소리가 좋아?'라는 생각이 들어
확인해보니 그 사람은 다름 아닌 배우 김남주였다. 사실 처음 김남
주의 목소리는 "좋다"라는 이야기를 들을 수 있는 정도는 아니었
다. 하지만 <내조의 여왕>에서 보여준 정확한 발음과 끊기지 않는
호흡, 그리고 체력이 좋을 때와 그렇지 않을 때의 목소리 차이가 별
로 없는 모습을 보며 프로라고 생각했다. 김남주는 고음·중음·저
음의 다양한 음역대를 갖고 있다. 그래서 이 안에서 리듬감 있게 목
소리를 연출하기 때문에 더욱 전달력도 좋고 진정성 있는 연기를
우리에게 선사하는 것이다.

PART 2

내 안에 잠든
좋은 목소리를
깨워라

좋은 목소리의 첫 번째 조건은 공명 목소리다

소리가 나오면서 주변의 울림을 통해 밖으로 표출되는 것이 공명이다.
여성성보다는 남성성이 강하기 때문에 목소리 안에 힘이 들어가 있다.

그리스 신화에 보면 상반신은 여자고 하반신은 새의 모습을 한, 천
상의 목소리를 내는 바다의 요정이 나온다. 바로 '세이렌'이다. 세
이렌은 지중해에 있는 한 섬에서 살면서 감미로운 노랫소리로 지
나가는 배의 선원들을 섬으로 유혹해 잡아먹었다고 한다. 세이렌
은 향후 경보(警報)를 뜻하는 사이렌의 어원이 되었다. 얼마나 세이
렌의 목소리가 좋았으면 그토록 사람의 마음을 유혹할 수 있었던
것일까? 그렇다면 사람의 마음을 끌어당기는 좋은 목소리는 어떤
소리일까?

얼마 전 한 행사에 초대되어 사회를 본 적이 있다. 그때 초대가수로 인순이가 나왔다. 나는 개인적으로 인순이의 〈거위의 꿈〉이라는 노래를 참 좋아한다. 몸 전체를 울려서 나오는 깊은 울림소리, 굳이 귀를 기울이지 않아도 머릿속에 쏙쏙 들어오는 정확한 가사의 발음, 저음과 고음을 넘나드는 완벽한 하모닉스(저·중·고음의 조화), 정말 감동 그 자체였다. 인순이는 사람들에게 무한한 감동을 주는 목소리를 갖고 있다.

반면에 그날 행사에 초대된 또 다른 가수는 감기에 걸려 컨디션이 좋지 않았는지 비강음(콧소리)으로만 간신히 소리를 내 감동이 잘 전달되지 않았다. 사람들은 혼신의 힘을 다해 노래를 부르는 인순이에게는 기립박수를 보냈지만, 또 다른 가수에게는 노래가 끝난 다음 그저 옅은 박수만 보낼 뿐이었다.

왜 많은 사람이 인순이의 목소리를 듣고 환호했을까? 그 이유는 바로 인순이의 목소리에는 사람의 마음을 울리고 유혹할 수 있는 '공명(共鳴)'이 들어가 있기 때문이다. 공명은 추운 겨울에 손을 감싸주는 캐시미어 장갑처럼 포근하고 부드럽다. 그러면서도 행렬을 맞춰 진군하는 군인들의 절도 있는 모습처럼 강한 힘도 가지고 있다.

사람의 마음을 유혹할 수 있는 목소리를 갖고 싶은가? 신뢰감이 있으면서도 편안한 목소리를 얻고 싶은가? 그렇다면 '공명'을 가져라.

순수한 목소리의 싹에 공명을 더하라

목소리는 폐에서 나온 공기가 성대를 진동해 생기는 것을 말한다. 목소리는 눈에 보이지 않는다. 폐에서 나온 공기가 성대를 지나며 진동을 하게 되고 구강(입), 비강(코), 두성(머리)을 거치며 울림이 더욱 배가되어 나오는 것을 우리는 '목소리'라고 부른다.

일반적으로 남자 목소리의 기본 주파수는 100~150hz, 여자 목소리의 기본 주파수는 이보다 높은 200~250hz다. 100hz는 1초에 성대가 100번 진동한다는 뜻으로 소리가 높을수록 주파수도 높다. 소리가 높으면 가까이 있는 사람에게는 잘 들리지만 멀리 있는 사람에게는 잘 들리지 않는다. 남자와 여자가 같은 소리를 낼 경우 남자의 목소리가 더 잘 들리는 이유도 여기에 있다.

목소리는 크게 2가지로 나뉜다. 첫 번째 목소리는 '순수한 목소리의 싹'이다. 성대를 떨게 해 나오는 소리를 말한다. 폐에서 직접 나오는 순수한 목소리의 싹은 사람의 지문만큼이나 다양하다. 타고난 자신의 목소리라고 말할 수 있다.

하지만 순수한 목소리의 싹은 소리 자체가 약해 이 목소리로만 이야기할 경우 '왜 이렇게 목소리에 힘이 없어?', '왜 나이 어린 사람처럼 이야기하지?'라는 느낌을 줄 수 있다. 그래서 신뢰감 있는 목소리를 만들기 위해 필요한 목소리가 있다. 바로 두 번째 목소리 '공명'이다.

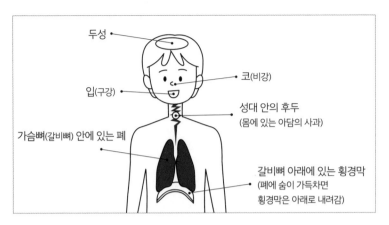

두성

코(비강)

입(구강)

성대 안의 후두
(몸에 있는 아담의 사과)

가슴뼈(갈비뼈) 안에 있는 폐

갈비뼈 아래에 있는 횡경막
(폐에 숨이 가득차면
횡경막은 아래로 내려감)

그림 4-1 | 폐에서 숨이 올라와 성대를 만나 진동하는 모습

공명은 소리가 나오면서 주변의 울림을 통해 밖으로 표출되는 것을 말한다. 즉 소리가 나오면서 구강(입), 비강(코), 두성(머리)을 울려서 나오는 '울림소리'를 말한다(그림 4-1). 공명은 동굴 안에서의 '울림소리'라고 생각하면 쉽다. 여성성보다는 남성성이 강하기 때문에 목소리 안에 힘이 들어가 있다.

예전 리포터 시절에 어떻게 하면 목소리가 좋아질 수 있느냐고 선배님에게 물었을 때 내게 해주셨던 말이 떠오른다.

"네가 남자라고 생각해!"

그때 왜 남자처럼 이야기하라고 했는지 이해가 되지 않았는데 지금 생각해보니 예쁘게 말하지만 말고 남성성이 강한 공명을 넣어서 말하라는 뜻이었던 것 같다.

좋은 목소리 = 순수한 목소리의 싹 + 공명

그림 4-2 | 좋은 목소리란 '순수한 목소리의 싹+공명'

좋은 목소리는 순수한 목소리의 싹과 공명이 합쳐진 목소리를 말한다. 순수한 목소리의 싹도 물론 좋은 목소리지만 순수한 목소리의 싹은 너무 소리가 약해 신뢰감을 주기 어렵다. 그래서 공명의 도움을 받는 것이다.

공명은 튼튼하고 강하다. 또한 공명은 부드러움과 편안함을 같이 가지고 있다. 즉 좋은 목소리는 순수한 목소리의 싹(나의 개성)과 공명(편안함)이 합쳐진 목소리라고 말할 수 있다.

순수한 목소리의 싹은 내가 타고난 목소리이기 때문에 따로 훈련을 하지 않아도 된다. 하지만 공명은 반드시 훈련을 통해 단련해야 하기 때문에 좋은 목소리를 만들기 위해서는 반드시 공명을 연습해야 한다.

공명은 나도 너도 함께 울리는 것

왜 사랑이 사랑인 줄 아는가? 사랑은 '랑'이 4개 모여서 사랑이다. 나에게서 시작되는 '나랑 너랑', 상대방에게서 오는 '나랑 너랑'이 모여 4랑이 되는 것이다. 짝사랑은 한쪽에서만 오는 '나랑 너랑'이기 때문에 2개밖에 없어 짝사랑이라고 이야기한다.

누군가에게 사랑을 고백한다고 치자. 그 사람의 마음을 울리고 싶다면 먼저 누구의 마음부터 울려야 할까? 맞다. 내 마음부터 울려야 한다. 내 마음부터 울려서 진심으로 사랑을 표현해야만 그 사람이 내 마음을 받아줄 것이다(만약 내 사랑이 진심이 아니라면 그 사람을 설득하기는 어려울 것이다). 그렇게 내 마음을 울려 사랑을 표현한 결과 다른 사람의 마음도 함께 울리는 것, 바로 그것을 우리는 공명이라고 부른다.

공명은 함께 '공(共)' 자와 울 '명(鳴)' 자를 써서 '함께 울린다'라는 뜻을 가지고 있다. 즉 먼저 내 마음을 울린 다음 다른 사람의 마음도 울려서 함께 울리는 것, 그것을 바로 우리는 '공명'이라고 말하는 것이다.

사람들은 울림이 있는 공명 목소리를 좋아한다. 공명은 스피커로 치면 일반 스테레오 스피커가 아닌 저음이 쫙 깔리는 우퍼 (woofer) 스피커다. 우퍼 스피커의 경우 저음이 많아 사람들 귀에 편안하게 들린다. 어렸을 적에 엄마가 불러주던 자장가를 떠올려보자. 아이에게 자장가를 록 버전으로 불러주는 엄마는 없을 것이다. 아이를 재워야 밥이라도 먹고 세수라도 할 짬이 생기기 때문에 무슨 수가 있더라도 아이를 재워야 하는 엄마로서는 잔잔한 울림이 가득한 소리로 아이에게 자장가를 불러준다. 이때 나오는 것이 바로 공명이다.

공명은 참으로 따뜻하고 편안하다. 생소리가 아닌 자신의 몸을 울려 나오는 울림이기 때문에 자신도 편하고 상대방에게도 편하게 들린다. 그러면서도 내 몸을 울려 나오는 소리이기 때문에 그 자체로 신뢰감이 묻어 나온다. 생각해보라. 세일즈맨이 와서 물건을 설명하는데 자신의 상품에 대한 애정이 묻어 나오는 목소리로 말하는 사람과 겉도는 목소리로 말하는 사람 중에 우리는 어떤 사람에게 유혹당하는가?

공명 목소리는 편안하면서도 신뢰감이 있는 목소리다. 그래서 누군가를 설득해야 하는 직업을 가진 사람들에게 반드시 필요한 목소리라고 이야기할 수 있다.

설득 전문가에게 공명 목소리는 필수 조건

쇼핑호스트 시절, 목소리에 공명이 있는 쇼핑호스트와 그렇지 않은 쇼핑호스트의 연봉 차이는 어마어마했다. 당연히 목소리 안에 공명이 있는 쇼핑호스트의 연봉이 훨씬 높았다. 물건을 잘 팔기 위해서는 일단 내 마음부터 울리는 것이 먼저다. 쇼핑호스트 시절 가장 어려운 것이 '내 마음 울리기'였다.

당시 주방용 그릇으로 유명한 한 회사에서 신상품을 출시해 방송을 하게 되었다. 전략회의(보통 방송하기 2주일 전에 MD, PD, 쇼핑호스트가 모여 회의를 한다)를 하는데, 글쎄 접시 바닥에 물고기 두 마리가 그려져 있는 것이 아닌가? 접시를 본 사람들의 반응은 "여기에 과일을 담는다고 생각해봐. 너무 징그러울 것 같아"였다. 나 역시 그랬다. 도저히 팔 자신이 없었다. 방송 날짜는 다가왔고 아무리 그 접시에 정을 주려고 해도 정이 가질 않았다. 매출 결과는? 역시나 30%도 되지 않는 매출을 기록해 그 접시는 향후 홈쇼핑에서 모습을 감췄다.

내가 만일 보험을 판매하는 세일즈맨이라면 '야, 이거 진짜 좋은 보험 상품이구나. 단순한 보험 상품이 아닌 고객의 건강과 재산을 지켜줄 수 있는 좋은 보험이야'라고 먼저 내 마음을 울려야만 고객이 이 울림을 듣고 '아, 이거 진짜구나!'라는 생각을 하게 되어 고객의 마음까지 함께 울리게 되는 것이다.

면접을 앞둔 취업 준비생이라면 목소리 안에 반드시 '공명', 즉 울림소리가 들어가 있어야 한다. 면접을 지도하다 보면 면접은 '말로 보는 것'이 아니라는 생각이 든다. 오히려 말을 많이 하면 마이너스가 될 수도 있다. 자기 자신 안의 믿음이 강한 사람, 그리고 회사에 대한 애정으로 자신의 마음을 울린 구직자들이 내뱉는 말 한 마디에는 짧지만 깊은 울림, 즉 공명이 들어가 있다.

"제 심장에는 터지기 직전의 폭탄이 들어 있습니다. 제 심장의 폭탄에 불을 당겨주십시오. 이 활활 타오르는 열정을 회사에 쏟아내겠습니다!"

이때 만약 내 마음을 울리지 않은 생 목소리(목으로만 소리 내는)로 말한다면 감동이 진하게 전달될까? 그렇지 않을 것이다. 자기 몸과 마음 전체를 울려 나오는 소리여야만 면접관의 마음도 함께 울릴 수 있을 것이다.

전문적인 내용을 가르치는 강사들에게도 공명은 필수적이다. 공명은 그 자체로 마이크 역할을 한다. 목소리가 작은 사람일수록 "마이크가 있어야 남 앞에서 이야기할 수 있다"라고 하는 사람이 많다. 공명은 자기 스스로 울림을 만들기 때문에 소리를 크게 내려고 애쓰지 않아도 자연스럽게 소리가 커져 넓은 공간에서 소리 내기가 훨씬 편하다. 하루 2시간의 강의에도 목이 쉬어 성대결절로 고민하는 강사들이 많다. 공명을 넣어서 말하면 훨씬 적은 에너지로 큰 소리를 낼 수 있다.

또한 공명은 톤이 내려가 있는 안정된 목소리이기 때문에 잘 들린다. 앞에 나가 발표만 하려면 톤이 높아지는 사람이 있다. '꼭 잘해야 해!'라는 생각이 강하면 그럴 수 있다. 또 불안하고 두려워지면 톤이 올라가게 된다. 이렇게 톤이 올라가게 되면 음정 자체가 불안해지고 소리만 지르게 되는 경우가 많다. 계속 소리를 지르듯이 높은 톤으로 이야기를 하면 단어와 단어 사이의 높낮이가 적절히 조화되지 않아 소리가 일자 톤으로만 들린다. 따라서 듣는 사람이 시끄럽게 느낄 수 있다.

공명을 연습하면 자연스럽게 톤이 내려가게 된다. 공명이 나온다는 것은 얕은 호흡이 아닌 깊은 호흡으로 말을 한다는 것이고, 이때의 톤은 위쪽에 떠 있기보다는 아래쪽에 차분히 내려와 있기 때문이다. 톤을 내린다는 것은 '놓는다는 것'이다.

세상만사 다 가지려고 하면 도망가는 것이 이치인 것 같다. 하지만 놓고 생각하면 오히려 더 실현될 때가 많다. 강사의 목소리에 공명이 아닌 목 힘이 많이 들어가게 되면 말하는 강사도 힘들지만 듣는 사람도 힘들다. 차분히 내려진 공명음으로 강의해보자. 강의를 하는 데 큰 도움이 될 것이다.

사람들을 설득하고 싶은가? 그럼 상대방을 먼저 설득하지 말고 자기 자신을 먼저 설득하자. 공명 목소리를 내기 위해서는 무엇보다도 중요한 것이 바로 '내 마음 울리기'임을 잊지 말아야 한다. 진심을 담아 하는 사랑 고백, 내가 세일즈하는 상품에 대한 애정, 내가 말할 내용에 대한 진정한 사랑 없이는 내 마음도 다른 사람의 마음도 울릴 수 없다는 사실을 꼭 기억하자.

공명 목소리를 내려면 복식호흡을 해야 한다

그렇다면 공명을 내기 위해서는 어떻게 해야 할까? 물론 공명을 내기 위해서는 내가 말할 콘텐츠에 대한 믿음과 애정이 전제조건으로 되어야 한다. 하지만 내가 말하는 콘텐츠가 아무리 좋아도 내 마음처럼 공명이 나오지 않을 때가 있다.

예를 들어 일주일 동안 밤새서 만든 기획안이 있다. 일주일 동안 잠도 못 자고 밥도 못 먹고 만든 기획안이기 때문에 여기에 무한한 열정이 들어가 있다. 하지만 발표만 하려고 하면 내 목소리는 더욱 움츠러들고 작아진다. 이럴 때는 내 몸을 울려 소리를 내는 공명 목소리 훈련을 해야 목소리를 조절할 수 있다.

내 몸도 바이올린이나 첼로와 같은 하나의 악기다. 바이올린을 연주하듯이 내 몸을 연주해 소리를 내면 사람의 마음을 유혹할 수 있는 공명음을 낼 수 있다. 단순히 목을 짜서 낸 목소리와 몸 전체에 울림을 만들어내는 목소리는 다르다. 내 몸 깊은 곳에서 호흡을 끌어올린 뒤 내 몸 전체를 울려 나오는 공명은 한 곡의 바이올린 연주만큼 아름답다.

그러면 내 몸을 어떻게 연주해야 할까? 목소리계의 스테디셀러이자 좋은 목소리의 종결자, 바로 '복식호흡'을 연습해야 한다. 복식호흡은 좋은 목소리를 내기 위해 가수, 성악가, 연기자, 아나운서들이 반드시 훈련하는 것으로 반드시 연습을 통해 몸으로 익혀둬

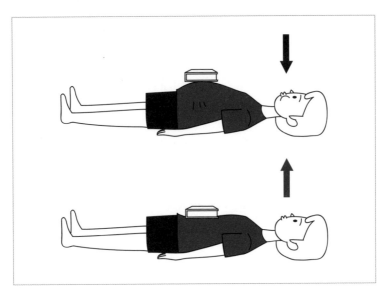

그림 4-3 | **누워서 하는 복식호흡.** 누운 다음 배에 책 한 권을 올려놓고 숨을 들이마시면 배와 함께 책도 위로 올라가고(위), 숨을 내쉬면 배에 숨이 빠지면서 아래로 내려간다(아래).

야 한다.

하지만 복식호흡이라는 말만 꺼내면 "복식호흡은 너무 어려워요!"라며 고개를 흔드는 분들이 많다. 이제 걱정하지 마시라. 복식호흡은 새로 배워야 하는 것이 아니다. 태어날 때부터 우리 몸은 복식호흡을 하고 있으니까 따로 배우지 않아도 된다.

자, 침대에 누워보자. 배에 책을 하나 올려놓고 숨을 들이마셔보자. 배가 올라가면서 책도 함께 위로 올라가지 않는가? 숨을 내쉬면 배에 있는 숨이 빠지면서 책은 아래로 내려가게 된다(그림 4-3). 이때 하는 것이 바로 '복식호흡'이다.

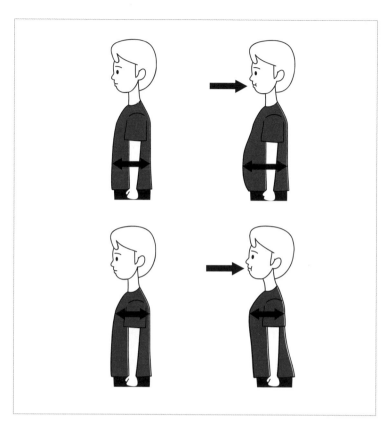

그림 4-4 | 복식호흡(위)과 흉식호흡(아래)의 차이. 복식호흡은 숨을 들이마시면 배가 나오고, 흉식호흡은 숨을 들이마시면 가슴이 나온다.

담배를 피우는 사람들에게 왜 담배를 끊지 못하느냐고 물으면 "담배를 피우지 않으면 스트레스가 쌓여서 어쩔 수 없다"라고 말한다. 왜 그럴까? 담배를 피울 때 우리는 가슴을 쓰는 단순한 흉식호흡이 아니라 배까지 깊게 숨을 들이마시고 뱉는 복식호흡을 한다. 복식호흡을 하면 숨이 배 쪽까지 깊이 들어가고 나오기 때문에 안정감을 얻을 수 있다. 요가나 명상을 하면 호흡이 배 쪽으로 내려가 한결 편안한 기분을 느끼는 것처럼 말이다.

하지만 내가 불안해지고 몸이 피곤해질수록 호흡은 아래에 있기보다는 가슴 쪽으로 올라가게 된다. 더군다나 서 있을 때는 누워 있을 때보다 무게 중심이 위쪽으로 올라가기 때문에 평상시에 발표할 때 사람들은 복식호흡보다는 흉식호흡을 하게 된다. 게다가 입이랑 가까운 곳이 가슴이다 보니 자연스럽게 흉식, 즉 얕은 호흡을 하게 되는 것이다. 가슴으로만 내 몸을 울려서는 공명이 진해질 수 없다. 배까지 호흡을 내려 공명을 진하게 우려내보자.

먼저 복식호흡 존(zone)에 손을 올려놓자. 복식호흡 존은 갈비뼈 아래에서부터 배꼽 아래 5cm까지의 공간을 말한다. 여기에 손을 올려놓고 숨을 들이마셔보자. 코로도 좋고 입으로 들이마셔도 좋다. 자, 복식호흡 존에 풍선이 들어가 있다고 생각하자. 숨이 들어가면 풍선은 어떻게 될까? 부풀어 오를 것이다. 그럼 이제 숨을 입으로 내뱉어보자. 숨이 나가면 풍선은 바람이 빠지면서 수축될 것이다.

복식호흡할 때와 삼겹살 먹을 때의 배 모양은 똑같다. 삼겹살을 맛있게 먹으면 배가 볼록하게 나오는 것처럼 숨을 복식호흡 존에 담으면 배는 볼록하게 나온다. 하지만 배가 고파지면 배가 홀쭉해지는 것처럼 숨이 다 빠져나가고 없어지면 그때의 배 역시 홀쭉해진다.

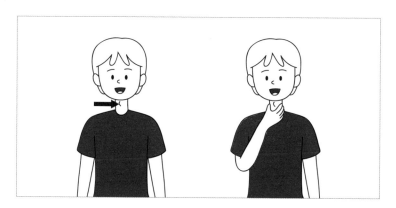

그림 4-5 | 후두의 위치(좌)와 후두에 손을 대고 있는 모습(우). 후두에 손을 대고 높은음과 낮은음을 번갈아가며 소리를 내면 후두의 이동이 느껴진다.

숨을 가득 채운 다음 "아~~" 하고 뱉어보자. 이때 목에 너무 많은 힘을 주면 소리가 꺾일 수 있다. 자연스럽게 하품하듯이 입을 벌려주자. 그다음 목과 쇄골 사이에 손을 갖다 대보자. 그리고 나서 숨을 들이마신 다음 "아~~" 하고 뱉어주자. 이때 목과 쇄골 사이에 성대의 울림이 느껴져야 한다.

"아~~" 하고 소리를 낼 때 마치 하나의 큰 동굴을 만들듯이 입안을 크게 해주자. 또 이때 입안에 있는 돼지코(목젖 사이의 2개의 구멍이 돼지코처럼 보인다고 해서 붙여진 이름)가 보여야 한다. 이는 목젖이 보일 정도로 입 모양이 커야 한다는 의미다.

성대 안에 후두가 있는데 "아~~" 하는 소리 톤을 아래로 내리면 내릴수록 후두의 위치도 함께 내려가게 된다. 공명은 후두가 아래로 내려갈수록 더 진해지고 깊어진다. 높은음과 낮은음을 번갈아가며 소리를 내보자. 후두의 이동이 손에 느껴질 것이다. 후두의 위치를 내린 다음 신문기사를 읽거나 말을 하면 공명 목소리를 쉽게 얻을 수 있다(공명에 대해서는 '3부 좋은 목소리를 만드는 5가지 법칙'에 자세히 소개되어 있다).

가끔 보면 복식호흡의 힘을 과소평가하는 사람들이 많다. 하지만 목소리에 대해 조금이라도 공부해본 사람이라면 복식호흡의 힘이 얼마나 대단한지 알 수 있다. 가슴 근처에서 끌어올린 소리와 저 아래 배에서 끌어올린 소리의 힘은 깊이감에서 비교할 수 없을 정도로 큰 차이를 낳는다. 왜 더 깊은 곳에서 끌어올린 물이 더 시원하고 깨끗하지 않은가? 나는 "목소리는 내는 것이 아니라 끌어올리는 것이다"라는 말을 자주 한다. 목소리는 목으로 내는 것이 아니다. 배까지 숨을 채운 다음 입으로 끌어올리는 것이다. 마치 우물 물을 길어 올리는 것처럼 말이다.

세일즈계의 바이블이라고 할 수 있는 지그 지글러(Zig Ziglar)의 『당신에게 사겠습니다』라는 책을 보면 세일즈 초기에 경험이 없어 힘들어하는 사람이 어려움을 참지 못하고 상급자에게 가서 "세일즈를 그만두겠습니다"라고 말을 한다. 이때 상급자는 "당신은 절대 보험업계를 떠날 수 없네. 왜냐하면 보험업계에 들어온 적이 없기 때문이네"라고 대답한다.

예전 쇼핑호스트 시절 10년 차 선배에게 내가 어려움을 토로했다.

"선배님, 저 요즘 슬럼프예요. 너무 힘들어요."

"유정아, 너 슬럼프 아니야. 왜냐하면 슬럼프는 어느 정도 올라간 사람이 중간에 겪게 되는 과정인데 넌 아직 시작도 안 했잖니."

우리는 대부분 자기 자신을 먼저 설득하는 과정을 거치지 않고 남들이 하니까 서둘러 따라하다 금방 지치게 되는 경우가 많다. 그래서 중간에 포기해버리거나 '이건 나와는 맞지 않는 일이야'라고 쉽게 치부해버린다.

어떤 일을 하든 자기 자신을 설득하는 것이 중요하다. 지금 내가 하고 있는 말에 대해 먼저 내가 내 자신을 설득해보자. 그럼 내 몸과 마음을 울린 울림소리가 나올 것이다. 이 진심을 담은 울림을 다른 사람에게 전해주자. 그럼 다른 사람의 마음도 울려 함께 울리는 공명이 나올 것이다.

다른 사람을 설득하고 싶은가? 진심으로 소통하고 싶은가? 나의 마음과 몸을 울릴 수 없다면 다른 사람의 마음도 울릴 수 없는 법이다. 목소리에 공명을 담아 서로 소통해보자. 그럼 상대방을 설득하는 것이 한결 편해질 것이다.

좋은 목소리의 두 번째 조건은
동그란 목소리다

소리가 입에서 나올 때 동그란 모양을 그리며 나오게 해야 한다.
주변 사람에게 말을 할 때 자신감 있으면서도 겸손하게 들릴 것이다.

과거 새 차를 구입했다. 지방에서 외부 강의가 많은 나로서는 안
전상 당시의 경제 상황보다 조금 더 비싼 차를 구입할 수밖에 없었
다. 근데 이게 웬일인가? 구입한 지 6개월도 안 된 차가 강변북로
를 달리던 중 멈춰 서지 않았겠는가? 다행히 위험한 상황은 벌어지
지 않았지만 미션 전체를 갈아야 한다는 통첩을 받았다.

일주일이 지나서야 수리된 차를 받을 수 있었고, 나는 안심을 하
고 차를 탔다. 그런데 이게 또 웬일인가? 출고한 지 이틀 만에 차가
또 강변북로에서 멈추는 것이 아닌가! 이번에는 정말 위험했다. 다

행히 갓길로 빠질 수 있는 차선에 있어 사고는 나지 않았지만 정말 큰일 날 뻔했다.

난 정말 화가 났다. 다시 콜센터에 전화를 했다. 이번에는 격앙된 목소리로 말했다.

"아니, 어떻게 이럴 수가 있죠? 출고한 지 이틀 만에 차가 또 멈추다니요. 저 죽을 뻔했어요!"

"네, 알겠습니다. 처리해드리겠습니다."

난 너무나 밝은 상담원의 말에 내 귀를 의심했다. 죽을 뻔했다는 나의 말은 듣지도 않은 채 상담 매뉴얼에 나와 있는 말을 그대로 읊고 있는 것이 아닌가? 상담원의 목소리에서 내 건강과 안위를 생각하는 진심이 느껴지지 않았다.

이렇듯이 대화를 나누면서 벽을 보고 이야기하는 느낌이 드는 순간이 있다. 나는 너무나 고민이 되어 잠도 못 잘 정도인데 "뭘 그런 걸로 고민이야. 잊어버려"라고 쉽게 치부하거나, "오늘은 몸이 너무 아파서 더 이상 움직일 수 없어"라고 말하는 사람에게 "넌 왜 만날 아프다고만 하냐"라고 매몰차게 말하는 사람들! 그 사람들의 목소리에는 내가 들어갈 수 있는 공간이 없다. 이렇게 말하는 사람의 목소리에는 나를 진심으로 위하는 마음보다는 냉정하고 매몰찬 느낌이 가득하다.

그런 느낌이 드는 이유 중 하나는 어미(말끝)에 문제가 있기 때문이다. 겸손한 사람이 하는 말의 어미는 아래를 향해 있다. 하지만

69

매사에 퉁퉁거리고 화가 나 있는 사람이 하는 말의 어미는 위를 향해 있다. "네가 어떻게 나한테 이럴 수 있냐!" "됐어!" 귀찮아!"

매사에 자신감이 있으면서도 겸손한 사람이 하는 말의 어미는 동그랗다. 또한 서로 진심으로 대화를 나누는 사람들의 목소리를 들어보면 어미가 동그랗다. 즉 소리가 나갔다가 다시 들어오는 동그라미 모양을 하고 있는 것이다. 반면에 진심이 아닌 말을 하는 사람들의 어미는 반대로 내려가는 것이 아니라 올라가는 경향을 보인다. 즉 "죄송합니다. 고객님~~"이 아닌 "죄송합니다. 고객님" 인 것이다(그림 5-1).

사람들과 소통하는 목소리, 따뜻한 목소리를 얻고 싶다면 동그란 목소리에 도전해보자. 한결 자신감 있으면서도 편안한 소리를 낼 수 있을 것이다.

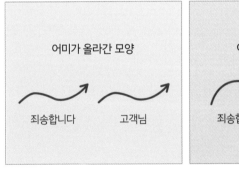
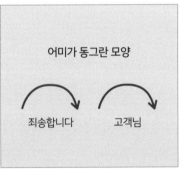

그림 5-1 | 어미가 올라간 모양(좌)과 동그란 모양(우). 매사에 자신감이 있으면서도 겸손한 사람이 하는 말의 어미는 동그랗지만, 진심이 아닌 말을 하거나 화가 나 있는 사람이 하는 말의 어미는 위를 향해 있다. 어미가 올라가면 경쾌하게는 들리나 진심이 느껴지지 않는다.

동그란 목소리는 부메랑과 같다

발성학자들은 가장 좋은 목소리를 '동그란 목소리'라고 말한다. 동
그란 목소리는 소리가 입에서 나올 때 직선으로 나오는 것이 아니
라 동그란 모양을 그리며 나오는 것을 말한다. 소리가 동그랗게 나
가는 것은 열정, 자신감, 카리스마를 이야기하며, 소리가 다시 안으
로 들어올 때는 겸손, 따듯함, 배려를 느낄 수 있게 해준다.

　주변에 말을 할 때 자신감이 있으면서도 겸손하게 들리는 목소
리가 있지 않은가? 그런 사람은 '동그란 목소리'를 하고 있을 가능
성이 크다(그림 5-2).

　하지만 이렇게 목소리가 동그란 경우보다는 말끝이 위를 향하
거나 아예 일자로 아무런 어조 없이 이야기하는 사람들이 많다. 어

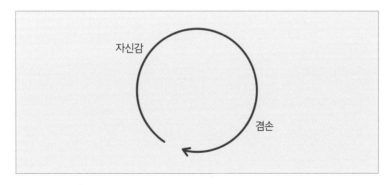

그림 5-2 | 동그란 모양은 자신감과 겸손 표현. 소리가 동그랗게 나가도록 하는 말에는 자신
감, 카리스마가 담겨 있으며, 이 소리가 다시 안으로 들어올 때는 겸손, 따듯함, 배려를 느낄
수 있게 해준다.

조는 말의 가락, 즉 억양을 이야기하는데 동그랗게 말하는 사람의 어조는 물결을 타듯이 동그란 리듬을 타게 된다. 하지만 무미건조하게 말하는 사람들의 어조에는 이러한 리듬감이 들어 있지 않기 때문에 생명력과 전달력이 약할 수밖에 없다.

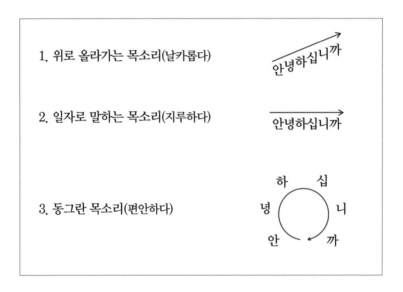

목소리가 일자로 나오는 경우 말이 굉장히 지루하게 들릴 수 있다. 특히 프레젠테이션을 하거나 회의를 진행할 때 원고를 그대로 읽거나 외워서 발표하는 경우 모든 문장의 톤이 일직선으로 아무런 변화 없이 쭉 나오게 되는 경우가 많다.

자, 운동장에 키가 똑같은 사람을 쭉 줄을 세워놓았다고 생각해보자. 앞에 있는 사람만 앞이 보이고, 뒤에 있는 사람은 앞이 하나도 보이지 않을 것이다. 하지만 앞에는 작은 사람, 뒤에는 조금 큰 사람, 그 뒤에는 제일 큰 사람을 세워두면 두루두루 잘 보인다. 소리도 마찬가지다. 똑같은 톤으로 계속 이야기를 하다 보면 말 안에 강약이 없어 잘 들리지 않게 되고 지루하게 느껴진다. 동그란 목소리로 단어와 단어 사이에 크고 작은 동그라미를 만들어 서로 다르게 표현한다면 훨씬 더 생명력이 넘치는 말을 할 수 있다.

동그란 목소리는 부메랑이다. 소리가 나갔다가 자신에게 다시 돌아온다. 자신이 어떤 말을 내뱉고 있는지 모르는 사람의 소리는 그냥 앞으로 나가는 일자로 표현된다. 하지만 자기 말에 책임을 지고 자신이 현재 어떤 말을 하고 있는지 아는 사람의 목소리는 동그랗기 때문에 다시 자신의 귀로 돌아온다. 마치 던졌다가 다시 내 손안에 들어오는 부메랑처럼 말이다. 말을 그냥 뱉지 말자. 내 입에서 나온 말은 내가 책임지자.

제스처를 동그랗게 해서 동그란 목소리에 익숙해지자

일단 최소한의 단어로 나눠보자. 이제 말의 어미를 동그랗게 내려보자. 그런 다음 그 안에 동그라미를 넣는다고 생각하자. 말과 제스처는 짝꿍이므로 일단 제스처를 〈그림 5-3〉처럼 동그랗게 해서 동그란 목소리에 익숙해지도록 하자. 다음 문장을 가지고 연습해보자.

안녕하세요. 반갑습니다. 자, 지금부터 프레젠테이션을 시작
하도록 하겠습니다.

어색한가? 뭐든지 처음은 어색하고 힘들다. 하지만 부단한 연습을 통해 내 것으로 만들면 자연스러운 리듬감이 살아나게 될 것이다.

'나도 좋고 너도 좋은' 동그란 목소리를 통해 부드러운 소통을 해보자. 다른 사람들에게 상처를 주는 말투가 아닌 부드럽고 교양 있는 동그란 목소리를 통해서 말이다. 참고로 동그란 목소리를 내는 사람들은 제스처도 동그란 경우가 많다.

사실 목소리와 제스처는 짝꿍이다. 말에 힘이 들어 있어야 제스처에도 힘이 실린다. 목소리가 커야 제스처도 커질 수 있다. 즉 목

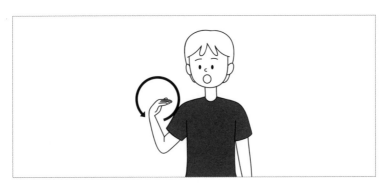

그림 5-3 | 제스처를 동그랗게 하는 모습. 말과 제스처는 짝꿍이므로 일단 제스처를 동그랗게 해서 동그란 목소리에 익숙해지자.

소리가 동그란 사람들은 제스처도 동그랗다. 제스처는 그냥 직선으로 나오는 경우보다는 안에서 밖으로 동그랗게 나오는 경우가 많다. 아나운서와 쇼핑호스트들만 봐도 그렇다. 이는 말이 동그랗기 때문이다. 한번 텔레비전을 보면서 살펴보시라. 다들 안에서 밖으로 나가는 동선을 가진 제스처를 하고 있을 것이다.

얼마 전 점심시간에 유명한 일식집에 가서 밥을 먹었다. 워낙 사람이 많은 집이라 일찍 서둘러 그곳을 찾았다. 계산하고 나오는데 앞테이블에 앉아 있던 남자가 대학생으로 보이는 직원에게 "당신 때문에 내 점심이 완전히 망했다고!" 하며 소리를 지르며 삿대질까지 하고 있지 않은가? 그때 그 사람의 말은 동그랬을까? 그 사람의 제스처는 어땠을까? 그 사람은 목소리도 날카롭고 제스처도 날카로웠다.

이제 편안하고 따뜻한 동그란 목소리에 도전해보자. 내가 뱉은 편안하고 신뢰감 있는 목소리는 나에게로 돌아올 때도 처음 그 모습을 하고 있을 것이다. 하지만 날카롭고 무심코 뱉은 동그랗지 않은 목소리는 다른 사람의 마음속에 그대로 박혀 있을 것이다.

목소리에 관한
오해와 진실

목소리가 원래부터 좋다면 당연히 목소리 훈련을 할 필요가 없다.
그게 아니라면 제발 "목소리 훈련은 할 필요 없다"라고 말하지 마라.

처음 DSLR 카메라가 나왔을 때 사람들은 '이 사진기는 사진 전문
가들만 쓰는 카메라'라고 생각했다. 하지만 지금은 어떤가? 아이
가 한 돌만 지나도 걸어 다니느라 부산한 아이를 찍기 위해 과감히
DSLR 카메라를 구입한다. 목소리 훈련도 마찬가지다. 예전에 사
람들은 목소리에 대한 고민을 하지 않았다. 아니, 고민할 필요도
없었다. 하지만 '말이 곧 스펙'이 된 상황에서 말을 잘하지 못하면
자신의 뜻을 관철시키지 못하기 때문에 말의 중요한 부분 중에 하
나인 목소리에 대한 관심을 갖기 시작한 것이다.

목소리 연습은 그동안 아나운서, 쇼핑호스트, MC 등의 전유물이었다. 방송인들은 목소리를 사용하는 것이 직업이기 때문에 그동안 많은 발전을 해왔다. 하지만 일반 사람들에게 노출되지는 않아 왔다. 그래서 목소리에 관한 오해가 많은 것이 사실이다.

어떤 스피치 강사가 공개 특강을 하는 것을 우연히 본 적이 있다. 그 강사는 "여러분! 목소리 연습하지 마세요. 만날 발음, 발성, 호흡 이런 거 하면 뭐해요! 사투리 써도 괜찮아요. 오히려 친근하게 느낀다니까요!"라고 말했다.

이 말도 맞다. 하지만 회사의 사활이 걸린 프레젠테이션에서, 내 인생이 걸린 면접 자리에서, 국가의 운명이 달린 중요한 협상에서 사투리를 쓰면 되겠는가? 물론 사투리는 정겹다. 하지만 언어도 하나의 약속이다. 이 약속을 깨뜨려도 된다고 누가 감히 말할 수 있는가?

이렇듯이 목소리에 관한 오해가 많다. 목소리에 대한 오해를 깨서 제대로 된 목소리 훈련에 들어가 보자.

오해 1: 목소리 연습은 할 필요가 없다

프로 골퍼로 골프 방송에 자주 나오는 분이 방송 스킬을 키우기 위해 라온제나를 찾아왔다. 수업을 하다 궁금한 점이 있어 여쭤보았다.

"골프를 할 때 여성분들 교육이 쉬우세요? 남성분들 교육이 쉬우세요?"

"말도 마세요. 남자들이 운동신경이 좋아서 잘할 것 같지만 절대 그렇지 않아요. 스윙 자세 등의 기본기부터 다져야 하는데 마음만 급해 기본은 대충 하고 자꾸 라운딩만 나가려고 한다니까요."

뭐든지 기본이 중요하다. 스피치도 마찬가지다. 사람들에게 신뢰감을 주는 스피치를 하기 위해서는 논리뿐만 아니라 보디랭귀지와 목소리에 대한 기본 점검이 반드시 필요하다. 운동선수들이 경기 시작 전에 스트레칭으로 몸을 푸는 것이나 아나운서가 뉴스에 들어가기 전에 입 근육과 혀를 스트레칭하는 것처럼, 우리 인생에서 중요한 무대에 서기 전에 반드시 목소리 스트레칭을 통해 긴장감을 풀어내야 한다.

평상시에 친구들과 말할 때 자신의 목소리에 신경을 쓰는 사람이 얼마나 있을까? 하지만 중요한 프레젠테이션이나 면접을 볼 때 평상시에는 신경도 쓰이지 않던 내 목소리가 들리기 시작한다. 발표를 하기 위해 입을 딱 여는 순간 '어머, 왜 이래? 왜 이렇게 목소리가 작아? 게다가 왜 이렇게 흔들려? 입이 내 마음대로 돌아가지 않아! 아, 떨려!' 하며 생각에 생각이 꼬리를 문다. 이는 평상시에 들리지도 않던 내 목소리가 무대 위에만 서면 갑자기 들리기 때문이다.

무대 위에 올랐을 때는 논리에만 집중해야 한다. 내가 준비한 내용을 전달하고, 청중은 어떤 반응을 보이는지 눈치, 코치, 염치까지 더해 센스 있게 분위기를 파악해내야 한다. 이것만 생각해도 머릿속이 터질 것 같은데, 내 머릿속은 '어, 왜 이래? 내 목소리?'라는 생각으로 가득 차게 된다. 목소리는 무대 위에 오르기 전에 미리 닦아야 한다. 소프라노가 무대 위에 올라 열정을 다하려면 목소리에 대한 훈련은 이미 무대 아래에서 끝냈어야 하는 것처럼 말이다.

목소리가 원래부터 좋았다면 목소리 훈련을 할 필요가 없다. 어렸을 적부터 말을 잘했고, 그 결과 성장하면서 말을 할 기회를 많이 가지게 되었고, 또한 매일같이 강의를 통해 목소리를 단련시켰다면 목소리 훈련을 따로 할 필요가 없다. 하지만 반대로 성장하면서 말을 할 기회가 별로 없었고, 현재는 사무직으로 일하면서 자신의 목소리를 밖으로 표현해내는 기회가 거의 없는 사람들에게는 목소리 훈련이 반드시 필요하다. 예를 들어 매일 빵을 만드는 사람은 "무슨 책자를 보고 빵을 만드나! 그냥 맛있게 만들면 되지"라고 말할 수 있다. 그렇지만 처음 빵을 만드는 사람은 기본적인 요리 매뉴얼을 보면서 맞춰 점검하고 또 점검해야 맛있는 빵을 만들 수 있는 것과 같다.

제발 "목소리 훈련은 할 필요 없다"라고 말하지 마라. 발음이 정확하지 않고, 목소리가 안정적이지 못하고, 소리가 크지 못하고, 말이 서로 짓이겨져 더듬거리는 사람의 고통을 당신들이 알기나 하는가?

오해 2: 목소리는 바꾸는 것이다

목소리는 바꾸는 것이 아니다. 목소리는 찾는 것이다. 내 몸도 하나의 악기다. 바이올린이나 첼로가 타고난 자신의 소리를 갖고 있는 것처럼 우리도 우리의 몸에 맞는 타고난 목소리를 갖고 있다. 하지만 내 소리 연주법을 알지 못해 소리를 제대로 내지 못하는 것이다. 복식호흡과 공명점 찾기 훈련을 통해 조금씩 노력하다 보면 깊은 산속 옹달샘처럼 맑고 깨끗한 나의 목소리를 찾을 수 있을 것이다.

1년에 한 번 연말이 되면 홈쇼핑 쇼핑호스트 동기들과 모임을 갖는다. 서로 바빠서 일 년에 한두 번 보기 때문에 살이 쪘는지 빠졌는지 등의 소소한 변화를 눈으로 실감할 수 있다. 모임을 할 때마다 내가 듣는 말은 "유정아, 예뻐졌다"가 아니라 "유정아, 네 목소리가 또 달라졌어!"다. 난 그때마다 말한다. 조금은 얄밉게 "목소리는 달라지는 게 아니라 찾아지는 거야. 난 좀 더 좋은 내 목소리를 찾았지!"라고 말이다.

미국에서 보이스 트레이너로 활동 중인 아서 조세프(Arthur Joseph)는 "좋은 목소리를 내기 위해서는 좋은 목소리에 대한 갈망이 있어야 한다"라고 말했다. 당신은 갈망이 있는가? 이러한 갈망으로 발음 하나하나와 발성법을 연습하면 좋은 목소리, 즉 '공명'을 찾을 수 있을 것이다.

목소리는 한 시간의 연습만으로도 달라질 수 있다. 발음과 발성 훈련은 절대 거짓말을 하지 않는다. 평생을 두고 연습을 하면서 나의 좋은 목소리를 찾아야 한다. 우리가 평생 말을 하고 살 듯이 말이다.

오해 3: 목소리를 크게 하면 자신감이 생긴다

물론 목소리를 크게 내는 훈련을 많이 하면 자신감이 생길 수도 있다. 하지만 갑자기 성대에 너무 무리를 줘서 성대결절로 이어질 수도 있고, 너무 큰 목소리를 내기 위해 힘을 줘 말하면 오히려 어색하게 들려 듣는 사람에게 '저 사람, 엄청 긴장하고 있고만'이라는 생각이 들게 할 수도 있다.

예전 한 웅변 학원에서 1박 2일 동안 진행되는 스피치 캠프에 아는 후배가 다녀왔다. 방송인이었기에 목소리에 대한 내공이 어느 정도 있는 친구였음에도 불구하고 성대결절이 와 몇 달 동안 고생을 했다고 한다.

자신감을 키우는 한 방법으로 '지르는 스피치'도 장점이 있을 수 있으나, 우리의 스피치는 몇백 명을 모아놓고 마이크 하나 없이 육성으로 하는 대중 스피치와는 다르다. 50명만 넘어가는 공간에서도 마이크를 쓰면서 이야기하기 때문에 넓은 볼륨보다는 자연스럽게 대화를 나눌 수 있는 중간 볼륨이 필요하다.

또한 너무 큰 소리는 다른 사람에게 불편을 초래하게 되니, 자연스럽게 소리를 공명점에서 이끌어 내는 훈련이 필요하다. 크게 말하려고 너무 말에 힘을 주면 불편하고 어색하다. 말하는 나도 듣는 상대방도!

'교육은 그 사람의 인생을 사는 것'이라는 생각을 자주 한다. 나는 노래를 잘 부르지 못한다. 그래서 노래를 가르쳐주는 곳에 가서 배웠다. 물론 직접 가서 배우지 않아도 시간을 두고 열심히 연습하면 노래를 잘 부르게 될 수도 있을 것이다. 하지만 난 그럴 만한 시간적 여유도, 마음의 여유도 없었다. 그래서 노래 전문가를 찾아간 것이다.

교육은 '직접 경험'을 한 사람들이 경험하지 않은 사람들에게 '간접 경험'을 하게끔 도와줘 그들이 더 쉽고 빨리 '직접 경험'을 할 수 있도록 이끌어주는 과정이다. 즉 자신의 인생에서 배운 노하우를 다른 사람에게 알려줘 그 사람들이 많은 시행착오를 거치지 않고 빨리 갈 수 있는 지름길을 알려주는 것이다.

이때 중요한 것은 정말 효과적인 지름길을 알려주느냐 그렇지 않느냐다. 만약 지름길을 잘못 알려줬을 경우 그냥 가는 것보다 훨씬 더 먼 길로 돌아가야 할지도 모른다. 목소리에 대한 오해에서 벗어나 제대로 된 목소리 훈련을 해보자. 그것이 바로 '자신감 스피치'로 가는 지름길이므로!

목소리 Q&A, 이럴 땐 이렇게

목소리가 어린아이 같대요

질문 안녕하세요. 저는 20대 후반의 직장 여성입니다. 제 목소리는 굉장히 톤이 높고 어린 느낌이 많이 듭니다. 그래서 무슨 말만 하면 "시끄럽다"라는 이야기를 많이 듣고요, 협력업체 사람들이 제 전화 목소리만 듣고 아르바이트 학생인 줄 알고 "대리님 바꿔!"라는 말을 많이 합니다. 지금은 대리니까 상관이 없지만 앞으로 직책이 올라갈수록 더 무게감 있게 말을 해야 하는데 그렇지 못해 속상합니다. 어떻게 하면 톤도 내리고 어린아이 같은 목소리에서 벗어날 수 있을까요?

답변 고음의 목소리를 갖고 계시는군요! 밝고 열정적인 성격을 가진 분들일수록 톤이 높은 경우가 많습니다. 일단 톤이 너무 낮은 것보다는 훨씬 긍정적이니 자신감을 가지세요! 하지만 톤이 지나치게 높으면 말을 하는 사람도 소리를 위로 내질러야 하기 때문에 힘이 들고, 듣는 사람의 귀도 힘들어 서로의 피로도가 높아지게 됩니다.

톤과 호흡은 서로 비례합니다. 톤이 높은 사람은 호흡도 높아 대부분 흉식호흡을 합니다. 자, 복식호흡 연습을 통해 호흡과 톤을 아래로 내려보자고요! 복식호흡 존(갈비뼈 아래에서 배꼽 아래 5cm까지)에 손을 갖다 댑니다. 그런 다음 여기에 풍선이 들어가 있다고 생각하세요. 숨을 들이마시면 풍선은 부풀어 오르면서 배가 함께 볼록 나오게 됩니다. 반대로 숨을 내쉬면 풍선은 수축하면서 배도 함께 꺼지게 됩니다. 복식호흡을 10회 반복해보세요.

그런 다음 갈비뼈가 갈라지는 부분에 손가락을 대고 "아~~" 해봅니다. 이때의 목소리를 들어보세요. 지금 들리는 이 목소리의 톤으로 이야기를 하는 겁니다. 이 지점이 바로 우리 몸의 키톤 또는 공명점인데요. 여기가 좋은 목소리가 나오는 트라이앵글 지역입니다. 평소 사람들과 이야기할 때 이 지점을 누르면서 말한다고 생각해야 합니다. 근데 이 지점을 손가락으로 누르면서 이야기하면 사람들이 이상하다고 생각하겠죠. 말하는 내용에 따라 복근이 자연스럽게 공명점을 누를 수 있도록 평소 복근 훈련을 하자고요(복근 훈련은 실전 연습법에 자세히 나와 있습니다).

또한 말할 때 톤을 내리기 위해서는 첫 톤이 아주 중요한데요. 첫 톤을 낮게 잡는 훈련을 해보는 겁니다. 목소리는 습관이어서 평상시에 말을 할 때 고치지 않으면 절대로 잘 되지 않거든요. 평상시에 사람들과 이야기할 때 처음 내뱉는 톤보다 낮은 톤으로 한 번 더 말을 해보는 거예요.

예를 들어 "안녕하세요! 안녕하세요" 이렇게 두 번째 톤을 낮게 한 다음 그 낮은 톤으로 다음 말을 하는 거죠. 저도 이 방법으로 톤을 낮췄답니다. 또 대부분 사람들은 "미~~" 톤으로 이야기를 하는데요. 톤 내리기 훈련을 할 때는 "도~~" 톤으로 이야기를 한다고 생각해보세요. 자, 지금 한번 낮은 톤으로 "도~~" 해보실래요? 이렇게 호흡과 톤 내리기 훈련을 하다 보면 어리게 말하는 아성(兒聲: 어린아이 목소리)도 고칠 수 있습니다. 열심히 톤을 내려보자고요!

목이 많이 아픕니다

질문 안녕하세요. 저는 초등학교에서 아이들을 가르치고 있는 교사입니다. 오랫동안 교사 생활을 하다 보니 목이 많이 아픕니다. 얼마 전 이비인후과에 갔더니 성대결절 수술을 받으라고 하더라고요. 근데 수술을 하고 나서 한동안 말을 하지 말라고 하니 직업상 그럴 수도 없고 이래저래 고민입니다. 목이 아프다 보니 "목소리가 허스키하고 걸걸하다"라는 이야기를 많이 듣습니다. 어떻게 하면 수술 없이 목소리가 좋아질 수 있을까요?

답변 병원에서 성대결절 진단을 받으셨군요. 일단 목 상태가 어느 정도인지 음성을 들어봐야 상태를 알 수 있지만, 현재 목소리가 나오지 않을 정도로 심하다면 외과적인 수술이 필요합니다. 하지만 그 정도가 아니라면 기본적인 발음·발성 훈련을 통해서도 좋은 목소리를 만들 수 있습니다. 더군다나 성대결절의 경우 목소리 내는 습관을 바꾸지 않으면 재발할 가능성이 많기 때문에 기본 발음·발성법을 배우신다면 많은 도움이 되실 겁니다.

목소리가 허스키하면 스스로 소리가 좋지 않다고 생각하기 때문에 필요 이상으로 더 크고 분명하게 소리를 내기 위해 목소리를 쥐어짜는 경우가 많습니다. 그렇다 보니 목소리가 더 허스키하게 되는 결과를 낳게 됩니다. 목소리가 허스키한 사람의 경우 목소리가 갈라지는 현상이 동반되는 경우가 많습니다. 목소리 갈라짐이 심한 사람들의 경우 톤이 너무 높거나, 말을 할 때 너무 목에 힘을 쥐서 말하는 사람들이 대부분입니다.

복식호흡과 함께 입안을 '하품하듯이 동그랗게 만들어주는 것'만 하셔도 소리내기가 한결 편안해지실 겁니다. 우리의 목소리는 눈에 보이지 않습니다. 단지 그 울림을 진동으로 느낄 뿐이지요. 소리가 더 많이 진동할 수 있도록 입안의 공간을 넓혀주세요. 입을 벌린다는 것은 턱을 아래로 내려 달걀을 세로로 세워놓은 모양으로 입을 최대한 벌려주고 말을 한다는 것입니다. 거울 앞에 서서 한 번 "아~" 하고 외쳐보세요. 자, 내 입 모양이 크게 벌어져 있나요?

대부분 입을 벌리지 않고 이야기합니다.

"안녕하세요. 반갑습니다"를 한 음절 한 음절, 입을 크게 벌려 발음해주세요. 그러면 목에 무리가 가지 않아 한결 편안하게 말씀 하실 수 있을 것입니다. 또한 허스키한 목소리를 없애기 위해서는 지나친 술과 담배, 그리고 노래방에서 고성을 지르는 등 목에 무리를 줄 수 있는 것을 지양해야 합니다.

목소리가 작아 걱정이에요

질문 안녕하세요. 저는 졸업을 앞둔 대학생입니다. 면접을 보러 가면 항상 목소리가 작아 "자신감이 없어 보인다"라는 말을 많이 듣습니다. 더군다나 말끝도 흐리고 발음이 정확하지 않아 말하는 것이 잘 들리지 않는다고 합니다. 이제 취업하지 못하면 청년 백수가 되는데 저는 어떻게 하면 좋을까요?

답변 스피치 수업을 하다 보면 "선생님, 저는 목소리가 너무 작아요"라는 학생들이 있어요. 근데 정말 이건 방법이 없습니다. 왜냐하면 목소리를 크게 만드는 가장 확실한 방법은 '목소리를 크게 내는 것'밖에 없기 때문이죠. 평상시에 자신의 말하는 소리의 볼륨보다 3배 이상 크게 소리를 낸다고 생각해보세요. 한동안은 '내가 너무 소리를 크게 내는 것이 아닌가'라는 생각이 들 수 있겠지만, 어차피 목소리는 습관이니 습관이 형성되기 전까지는 소리를 크게 내보자고요!

　말끝이 흐려진다는 것은 목소리를 낼 때 전체적으로 에너지를 넣지 않아서입니다. 목소리를 크게 하면 말끝이 명료해집니다. 또한 말끝을 '~~' 이렇게 끄는 것이 아니라 스타카토로 딱딱 끊어주세요. "안녕하세요~~. 반갑습니다~~"가 아닌 "안녕하세요! 반갑습니다!" 이런 식으로 말끝을 딱딱 끊어주면 소리가 더욱 명료하게 들립니다. 이것을 스타카토 화법이라고 합니다. 어미를 길게 늘이지 말고 딱딱 끊어주자고요!

　자, 복부에 숨을 채운 다음 복부에 있는 숨이 밖으로 나올 수 있도록 강하게 뱉어주세요. 또한 좋은 목소리 공명은 어느 정도 볼륨 이상이 되어야 서서히 나옵니다. 즉 찐빵을 먹을 때 안에 들어 있는 달콤한 단팥을 먹으려면 밖에 있는 흰색 빵부터 먹어야 하는 것처럼 말이에요. 한번 해볼까요? '목소리는 크게, 말끝은 명료하게'를 기억하세요.

　"안녕하세요! 반갑습니다!"

PART 3

좋은 목소리를
만드는
5가지 법칙

먼저 부정확한 발음부터
잡아라

"뭐라는 거야? 정확하게 발음 좀 해봐!"라는 말을 들은 적이 있는가?
'입 모양은 크게, 혀 위치는 낮게, 첫음절에 악센트'를 꼭 기억하자.

중학생 시절, 연세가 지긋하신 사회 선생님이 계셨다. 그분은 머리가 너무 많이 빠져 뒷머리 아랫부분만 브이(V) 라인으로 머리카락이 남아 있었다. 그래서 그 선생님의 별명은 내 어린 시절 선풍적인 인기를 끌었던 미국 드라마의 주인공 브이였다.

브이 선생님의 또 다른 특징은 바로 혀가 짧다는 것이었다. 사회 수업 시간에 선생님께서는 우리에게 아프리카 대륙을 돌아 인도 항로를 개설한 신항로 개척의 선구자 '바스코 다 가마(Vasco da Gama)'에 대한 가르침을 주고 계셨다. 하지만 우리는 수업에 몰두

93

할 수 없었다. 선생님께서 '바스코 다가마'라는 이름을 말씀하실 때마다 우리는 웃음을 참느라 혼이 났다. 혀가 짧으신 선생님은 '바스코 다가마'를 '빠뜨꼬 따까마'로 연신 말씀하고 계셨던 것이다.

얼마 전 라온제나에 찾아온 분이 있다. 샤프한 얼굴에 깔끔한 옷차림을 해 누가 봐도 호감형 이미지였다. 그런데 그분이 입을 여는 순간 내심 놀랐다.

"원당 썬쌤님! 쩨가 빠름이 쪼띠 아나떠요."

헉! 이분이 왜 나를 찾아오셨는지 한눈에 알 수 있었다. 그분은 충주에서 큰 식당을 운영하고 있다고 하셨다. 하지만 자신의 발음이 정확하지 않아 손님들과 아예 대화를 나누지 않는다고 말씀하셨다. 손님들과 소통하지 않는 사장님! 글쎄 아무리 음식 맛이 좋다고 해도 온기 나는 사람의 정(情) 맛에 비하겠는가?

무슨 말만 하면 '3고'를 맞는 사람이 있다. 3고란 "뭐라고?", "잘 안 들려, 뭐라고?", "아니, 도대체 뭐라는 거야. 뭐라고?"다. 이쯤 되면 '아! 내 발음에 뭔가 문제가 있구나!'라는 생각을 해봐야 할 것이다.

우리 현실 속에서도 사오정 시리즈를 쉽게 만날 수 있다. 한 번에 갈 수 있는 '소통의 길'을 괜히 돌아갈 필요가 있을까? 보다 정확한 발음으로 좀 더 빠르게 소통의 길을 걸어보자.

그렇다면 발음을 정확하게 하려면 어떻게 해야 할까? 먼저 발음을 만드는 3가지 요소에 대해 알아야 한다.

발음의 종류

1. 공기가 터지면서 나오는 발음

공기 호흡의 흐름이 어느 발음기관에서 완전히 막히거나 두 입술이 닫혀 있다가 열리면서 이루어지는 소리들이다. 여기에 속한 발음에는 'ㄱ, ㄷ, ㅂ, ㅈ, ㅍ, ㅌ, ㅋ'이 있다. 이들의 소리값은 발성기관의 근육이 긴장해 있다가 긴장된 공기가 터짐과 동시에 풀어지면서 만들어진다.

2. 마찰을 일으키며 나오는 발음

공기가 발성기관의 작은 틈을 지나게 될 때 마찰이 되면서 나오는 발음, 입과 입천장 사이에서 나오는 발음을 말한다. 'ㅎ, ㅅ, ㅆ' 발음이 여기에 속한다.

3. 코에서 일어나는 발음

공기가 입안을 거치지 않고 코로 호흡을 내쉬면서 발음이 이루어지는 경우다. 흔히 콧소리라고 한다. 이러한 소릿값은 성대의 떨림이 없이 공기를 코로 보내어 만들어지는 발음이다. 'ㄴ, ㅁ, ㅇ' 발음이 여기에 속한다.

4. 혀를 옆으로 해서 만들어지는 발음

혀를 입천장 가운데 쪽으로 놓고 혀의 옆으로 공기를 내보내며 만들어지는 발음이다. 달, 돌, 흘러 등의 'ㄹ' 발음을 생각하면 된다.

5. 떨리는 소리를 내는 발음

공기의 흐름이 발성기관의 어느 부분을 울려서 내는 소리다. 소릿값 떨림을 만들어내야 하는 곳에는 혀끝과 목젖이 있다. 한국어의 발음은 거의 혀끝의 떨림으로 봐야 한다. 소리, 사리, 오리, 노래 등의 'ㄹ' 발음이다.

6. 한 번 두드려서 나오는 발음

떨리는 부분을 여러 번 울리지 않고 한 번 두드려 만들어지는 발음이다. 한국어의 모음 사이에서 혀끝을 잇몸에 가볍게 두드려 만드는 발음이다. 다리, 우리, 보리와 같은 'ㄹ' 발음이다.

입 모양은 크게! 혀 위치는 낮게! 첫음절에 악센트!

목소리는 후두 안에 있는 성대의 울림을 통해 발현된다. 성대는 엘리베이터의 문처럼 양쪽 문이 서로 열렸다 닫혔다를 반복하며 울림을 만들어낸다.

사람이 목소리를 내려고 하면 성대나 그 주변의 근육이 움직여 느슨해져 있는 성대를 긴장시킨다. 그때 긴장되어 있는 성대가 공기에 의해 진동하고, 그 결과 소리가 나오는 것이다. 하지만 성대가 발음을 만들 수는 없다. 성대는 소리를 만들어내는 기관이므로 정확한 발음을 내기 위해서는 다른 기관의 도움을 받아야 한다.

정상 성대

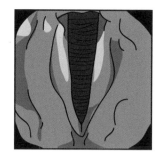
상처난 성대

그림 7-1 | 성대의 모습. 성대는 엘리베이터의 문처럼 양쪽 문이 서로 열렸다 닫혔다를 반복하며 울림을 만들어낸다.

우리가 쿠키를 만든다고 생각해보자. 쿠키의 원료인 밀가루만으로는 쿠키의 모양을 만들 수 없다. 쿠키의 모양을 만들기 위해서는 틀이 필요한 것처럼 발음할 때도 기본 소리 위에 발음을 만들어줄 수 있는 틀이 필요하다. 그 틀은 대표적으로 '입과 혀'라고 할 수 있다. 즉 성대에서 올라온 소리가 입과 혀를 거치며 우리가 의사소통할 수 있는 발음을 만들어내는 것이다. 만약 말을 할 때 입과 혀가 정확한 위치에 놓여 있지 않으면 우리는 그 말을 알아들을 수 없게 되는 것이다.

또한 입과 혀 말고도 발음을 정확하게 하기 위해서는 첫 단어의 첫음절에 악센트를 주는 것도 큰 도움이 된다. "뭐라고 말하는 거야? 정확하게 발음을 좀 해봐!"라는 말을 항상 듣는다면 다음 3가지를 명심하자.

'입 모양은 크게, 혀 위치는 낮게, 첫음절에 악센트!'

이제부터 구체적인 발음 비법을 알아보자.

발음 비법 1: 입 모양은 크고 정확하게 하라

아침에 일찍 일어나 출근을 해야 하는데 늦잠을 잤다. 아침밥을 안 먹자니 점심 때까지 배가 고파 기다릴 수 없을 것 같고, 먹자니 시간이 없을 때 우리는 밥을 국에 말아 후루룩 마시고 나간다. 대부분 사람들이 아침밥만 후루룩 마시는 것이 아니라 우리의 말도 후루룩 마셔버리는 경우가 많다. 각 음절의 자음과 모음을 최대한 살려 이야기를 해줘야 하는데 입 모양을 작게 해 발음을 대충 해버리는 것이다. 일단 입 모양을 크게 해 발음이 소리에 묻히지 않도록 해야 한다.

발음은 말의 소릿값, 즉 음가를 이야기한다. 음이 10점 만점이라면 최소 8, 9 정도의 음가를 내줘야 한다. 하지만 대부분의 사람들은 5, 6 정도의 음가만 낸 채 말을 한다. 그렇기 때문에 음가가 제대로 나오지 않아 다른 사람의 귀에 잘 들리지 않는 것이다.

이제 입 모양을 크게 해서 발음을 하나씩 살려보자. 발음을 살리기 위한 첫 번째 방법은 바로 '입 크게 벌리기'다.

모음이란 성대에서 생겨난 소리가 다시 공명을 일으키는 발음

기관(입, 코, 목구멍)에서 공기의 흐름에 방해받지 않고 자유로이 내보내면서 만들어지는 말소리다. 우리말에는 모음이 총 21개가 있는데, 단모음 10개(ㅏ, ㅓ, ㅗ, ㅜ, ㅡ, ㅣ, ㅐ, ㅔ, ㅚ, ㅟ)와 복모음 11개(ㅑ, ㅕ, ㅛ, ㅠ, ㅒ, ㅖ, ㅘ, ㅝ, ㅙ, ㅞ, ㅢ)로 이루어져 있다.

'아'는 양치질할 때 입 모양을 아래위로 크게 벌려주는 것과 비슷하다. 입안을 크게 벌려주자. 턱을 완전히 아래로 빼서 달걀을 세로로 세운 모양처럼 입 모양을 만들어줘야 한다. '에'는 입을 가로로 벌려주는 모양이다. 입꼬리가 미소 짓듯이 위로 향해야 한다. 이때 혀가 입 밖으로 나와서는 안 된다. 그렇게 하면 혀 짧은 소리가 날 수 있다. 혀는 입을 벌려준 상태에서 뜨지 않게 내려준다. '이'는 입을 가로로 쭉 찢는 느낌으로 '에'보다 입꼬리에 힘이 더 가해진다. '오'는 입술을 모아 입술로 원을 그린다고 생각해보자. '우'는 오리 입처럼 입술을 앞으로 내밀어준다. 이때 윗니와 아랫니는 벌어져야 한다. 그런 상태에서 울림이 있는 '우' 소리를 내보자.

'안녕하세요, 반갑습니다'를 읽어보자. 손거울을 보면서 입 모양이 정확하고 크게 벌어지는지 살펴보자.

이번에는 '아 여 아 에 요. 아 아 으 이 아' 이렇게 모음만 따로 떼어내 발음을 해보자. 입을 스트레칭하듯이 입안을 크게 해서 발음을 해야 한다. 또한 입이 시원하게 스트레칭되어야 한다. 그다음 다시 '안녕하세요. 반갑습니다'를 발음해보자. 한결 입 모양을 정확히 하며 발음하는 것을 느낄 수 있을 것이다.

자, 아래 문장을 한번 모음만 따로 떼어내서 읽어보자. 어떤가? 쉽지는 않을 것이다. 이때 입 주변 근육이 시원하다 할 정도로 크게 입을 벌려줘야 한다. 그다음 원래 문장을 읽어보자.

기형아 유발 우려가 있는 약물을 복용한 사람이 헌혈을 하고, 이들이 헌혈한 혈액이 가임 여성을 포함한 수백 명에게 수혈되는 사고가 또다시 발생했습니다.

→ 이여아 유아 우여아 이으 야우으 오요아 아아이 어여으 아오 이으이 어여아 여애이 아이 여어으 오아아 우애 여에에 우여 외으 아오아 오아이 아애애으이아.

'아'의 입 모양

'여'의 입 모양

'에'의 입 모양

'요'의 입 모양

그림 7-2 | '아여아에요'의 입 모양

혼동하기 쉬운 모음

1. / ㅏ, ㅣ / 소리가 들어 있는 단어를 구별해 발음해보자.

아기   이마   바지
사다리   다리미

2. / ㅗ, ㅜ / 소리가 들어 있는 단어를 구별해 발음해보자.

오리   수영   오빠
우유   노루

3. / ㅓ, ㅡ / 소리가 들어 있는 단어를 구별해 발음해보자.

덕   득   털
틀   걸   글

4. / ㅑ, ㅕ, ㅛ, ㅠ / 소리가 들어 있는 단어를 구별해 발음해보자.

야구   야외   여우
겨울   요리   효도
유리창   유치원

5. / ㅐ, ㅔ / 소리를 구별해 발음해보자.

개, 게   배, 베   새, 세
모래, 모레   남매, 메주   셈, 샘
재발, 제발   내가, 네가
각자 가고 싶은 대로/데로 가라.

* '애'는 '에'보다 입 모양이 크다.

6. / ㅔ, ㅖ, ㅐ / 소리를 구별해 발음해보자.
　　에누리, 누에　　　　예절, 무예　　　　예, 얘
　　마파람에 게 눈 감추듯 한다.
　　전염병을 예방하려면 손을 깨끗이 씻어야 해.

* '에'와 '애'를 구분하는 가장 좋은 방법은 입 모양의 크기다.
　　'에'보다는 '애'가 입 모양이 더 크다. '애'는 '아'만큼 입 모양이
　　크지만 '에'는 입 모양 크기가 '이' 정도다. 그래서 '가게'라는
　　말을 할 때 '가'보다는 '게'의 입 모양을 작게 해줘야 한다.

7. / ㅘ, ㅝ / 소리를 구별해 발음해보자.
　　과학　　　　　　과자　　　　　　원두막
　　화단　　　　　　권투　　　　　　뭐든지
　　원수
　　쏴 봐!　　　　　사과해!

8. / ㅚ, ㅟ / 소리를 구별해 발음해보자.
　　왼쪽　　　　　　위인
　　우레　　　　　　가위　　　　　　위치
　　기회　　　　　　외나무　　　　　두뇌
　　두더쥐

9. /ㅚ/와 /ㅙ, ㅞ/를 정확하게 구별해 발음해보자.

　　외마디, 돼지　　　　외삼촌, 왜　　　　괴짜, 쾌유, 최대

　　외국, 왜곡　　　　　쇠고기, 왜가리　　　괴롭다, 괜찮다

　　궤 속에는 돈이 많이 들어 있다.

* '외'의 경우 '웨'로 발음하는 것도 허용한다.

　웨: 입의 모양을 '우'로 했다가 다시 '에'로 소리를 내주자. 그

　리고 다시 '웨' 해보자. '웨'는 이 입 모양 2개가 합쳐져 만들

　어진 소리다.

10. /ㅢ/는 3가지로 발음될 수 있다.

　　의자: 의자['의'로 발음]

　　나의 의자: 나에 의자['의'와 '에'로 모두 발음 가능]

　　민주주의: 민주주이['의'와 '이'로 모두 발음 가능]

혼동하기 쉬운 자음

모음은 청각적으로 귀에 들릴 때 소음이 없는 소리거나 발성기관에서 자유롭게 통과되는 발음을 말한다. 반대로 자음은 소음이 들리거나 공기의 흐름이 폐쇄되고 좁혀지면서 발음되는 경우를 말한다. 즉 자음은 발음할 때 혀와 치아, 입안, 입술 등에 의해 호흡이 방해받아 제한적으로 나오는 발음이다. 혼동하기 쉬운 자음 발음은 다음의 3가지가 대표적이다.

1. 'ㄹ' 발음
   'ㄹ' 발음을 영어 [R]이나 [L]로 발음하는 경우가 많다.

2. 'ㅅ' 발음
   혀가 위쪽으로 올라가 영어 발음 [th]가 되는 것이다. [th] 발음이 되지 않도록 턱을 아래로 향하게 해 혀가 내려갈 수 있는 공간을 만들자. '사과, 선생님, 실장님' 등에서 'ㅅ' 발음을 할 때 혀가 이에 닿아서는 안 된다는 사실을 명심하자.

3. 'ㄴ' 발음
   '명랑하다'를 '면랑하다'로 잘못 발음하는 사람들이 의외로 많다. 'ㄴ' 발음과 'ㅇ' 발음을 헷갈려 하는 것이다.

105

PART 3 좋은 목소리를 만드는 5가지 법칙

주의해야 할 발음

1. 헷갈리기 쉬운 발음을 따라해보자.
    1) 담력[담녁], 정리[정니], 난로[날로], 닫는[단는],
       줄넘기[줄럼끼]
    2) 왕릉[왕능], 독립[동닙], 칼날[칼랄], 입는[임는]
    3) 젖먹이[전머기], 광한루[광할루], 색연필[생년필]
    4) 대관령[대괄령], 전라도[절라도], 동래[동내]
    5) 속리산[속니산], 백록담[뱅녹땀], 왕십리[왕심니]
    6) 다른 나라의 침략[침냑]에 대비해 나라의 힘을 길러야
       한다.
    7) 생산량[생산냥], 이원론[이원논], 공권력[공꿘녁],
       입원료[이붠뇨], 결단력[결딴녁], 임진란[임진난],
       동원령[동원녕], 상견례[상견녜], 횡단로[횡단노]

2. /ㄴ, ㅁ/ 앞에 오는 받침의 말소리에 주의해 발음해보자.
    1) 닥나무[당나무], 옷맵시[온맵씨]
    2) 함박눈[함방눈], 속마음[송마음], 끝물[끈물]
    3) 예전에는 까막눈이 많았다고 한다.
       [예저네는 까망누니 마낟따고 한다]
    4) 옷에 먹물이 튀었다.[오세 멍무리 튀얻따]
    5) 솜털이 보송보송한 꽃눈을 물끄러미 바라보았다.
       [솜터리 보송보송한 꼰누늘 물끄러미 바라보앋따]

106

6) 온 동네에 맏며느리 칭찬이 자자하다.

   [온 동네에 만며느리 칭차니 자자하다]

   7) 겁만 내고 있으면 되는 일이 없지 않겠니?

      [검만 내고 이쓰면 되는 이리 업찌 안켄니]

* 쉽게 전달하고자 단어의 장단음은 배제했다.

3. 받침 /ㄷ, ㅌ/ 뒤에 /ㅣ/가 올 때 소리 변화에 주의하자.

   굳이[구지], 맏이[마지], 미닫이[미다지], 같이[가치],

   겉이[거치], 해돋이[해도지], 샅샅이[샅사치]

* 받침 'ㄷ, ㅌ' 뒤에 '이'가 오면 'ㅈ, ㅊ'으로 바뀌는 음운현상을

  구개음화라고 한다.

4. 우리말에서는 /ㄱ, ㄴ, ㄷ, ㄹ, ㅁ, ㅂ, ㅇ/ 일곱 자음만이 음절

   의 끝소리로 발음이 된다는 것을 잊지 말자.

   책[책], 눈[눈], 낟[낟], 밖[박], 낯[낟], 숲[숩], 닭[닥]

혼동하기 쉬운 모음, 혼동하기 쉬운 자음, 주의해야 할 발음은 입 스트레칭을 하며 한 번씩 읽어보자. 발음을 정확하게 하는 데 많은 도움이 될 것이다.

발음 비법 2: 혀를 바닥에 깔아라

얼마 전에 보이스 트레이닝 강사들을 대상으로 '호감 목소리를 만드는 보이스 코칭법'에 대한 강의를 한 적이 있었다. 수업이 끝나고 나서 한 강사분이 제게 말씀을 하셨다.

"선생님! 선생님의 혀는 강의 내내 입천장에 닿지를 않네요!"

물론 한국어 발음상 혀가 완전히 입천장에 닿지 않을 수는 없지만, 내 혀는 말을 할 때 기본적으로 바닥에 깔려 있다. 혀가 바닥에 깔려 있다는 것은 그만큼 목소리 톤이 높지 않다는 것이고, 혀가 바닥에 깔리면서 입안에서 소리가 자유롭게 진동해 그만큼 편안한 소리를 내고 있다는 말이기도 하다.

발음을 형성하는 데 있어 혀는 아주 중요한 역할을 한다. 우리의 소리는 눈에 보이지 않는다. "어머, 저기 고음이 지나간다. 방금 저음이 지나갔네~"라고 말하는 사람이 있을까? 당연히 눈에 보지 않기 때문에 이런 말을 할 수도, 할 필요도 없다. 소리는 눈에 보이지 않는다. 그저 음파와 진동으로 전달될 뿐이다.

자, 여기 큰 동굴과 작은 동굴이 있다. 동굴 안에서 "아~"라고 소리를 낸다고 생각해보자. 어떤 동굴에서 소리가 더 우렁차게 들릴까? 당연히 큰 동굴 안에서일 것이다. 큰 동굴에서는 소리가 진동할 수 있는 진동 폭이 커서 더욱 크게 들리는 것이다. 발음도 마찬가지다. 입 모양을 크게 벌려 큰 동굴로 만들어야 그 안에서 소리

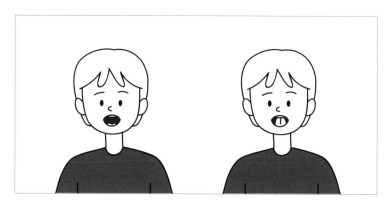

그림 7-3 | 혀가 내려간 모습(좌)과 혀가 뜬 모습(우). 혀가 바닥에 깔리면 입안에서 소리가 자유롭게 진동해 편안한 소리를 낼 수 있다.

가 진동해 소리가 더욱 명료해진다.

　그런데 여기서 더 중요한 역할을 하는 것이 있다. 바로 '혀'다. 혀가 중간에 떡하니 떠 있으면 소리가 넓게 진동할 수 없다. 그래서 말을 할 때 혀를 내려 공간을 만들어주면 더욱 명료한 소리를 얻을 수 있다.

　혀는 목소리 톤과 밀접한 관계가 있다. 높은 톤으로 말하는 사람들의 혀는 중간에 떠 있는 경우가 많다. 반대로 저음으로 말하는 사람들은 대부분 혀가 아래로 내려가 바닥에 깔려 있다. 혀가 위에 떠 있으면 아성, 즉 어린아이 목소리를 내게 되는데 이는 다른 사람에게 신뢰감을 주기 어렵다.

　또한 혀가 중간에 떠 있는 경우에는 'ㅅ' 발음이 정확하게 나지 않는다. 취업 면접을 준비하기 위해 찾아온 한 친구가 있었다. 은

그림 7-4 | 큰 동굴(좌)과 작은 동굴(우)에서 말하기. 입 모양을 크게 벌려 큰 동굴로 만들어야 그 안에서 소리가 진동해 더욱 명료해진다.

행에 들어가고 싶어 했는데, 혀가 짧아 매번 최종 면접에서 고배를 마신다고 했다. 음성 테스팅을 해본 결과 혀가 짧아서가 아니라 혀가 위로 떠서 'ㅅ' 발음이 잘 되지 않는 경우였다.

'ㅅ' 발음이 잘 되지 않으면 '안녕하십니까'를 '안녕하떱니까'로 발음하기 때문에 후에 은행에 들어가서도 "고객님, 이 펀드의 수익률에 대해 말씀드리겠습니다"라는 말을 할 때 "고객님, 이 펀드의 쑤익률에 대해 말뜸드리겠뜹니다"로 말할 수 있어 고객의 신뢰를 얻기 힘들다. 고객을 상대하는 서비스 업무를 하는 사람의 발음이 정확하지 않다는 것은 큰 핸디캡일 것이다. 이 잘못된 'ㅅ' 발음은 혀를 내리는 연습을 통해 고칠 수 있다.

혀 운동 실전 연습법

첫째, 혀 근육 스트레칭을 해야 한다. 혀도 근육으로 이루어져 있다. 발음에 따라 혀가 자유자재로 움직일 수 있도록 스트레칭을 해주면 발음을 할 때 혀 위치가 정확해져 발음이 훨씬 좋아질 수 있다.

둘째, 혀를 입 바닥 쪽으로 내리는 훈련을 해보자. 거울을 보면서 '사과'라는 발음을 할 때 내 혀가 어디에 자리 잡고 있는지 살펴보자. 혹시 '사'를 발음할 때 혀가 이와 이 사이에 끼어 있지는 않은가? 그렇다면 틀린 것이다. '사'의 'ㅅ' 발음을 할 때 영어의 [th] 발음이 되어서는 안 된다는 것을 기억하자. '사'를 발음할 때는 혀가 윗니의 뒷부분에서 시작해 아래로 쭉 내려와야 한다. 즉 혀가 윗니와 아랫니 사이에 낀 상태에서 발음해서는 안 된다는 것이다. 자, 혀가 아래로 쭉 내려갈 수 있도록 혀 내리기 훈련을 해보자.

혀를 내리는 가장 좋은 방법은 '하품하기'다. 일단 하품을 크게 해보자. 하품할 때 혀는 내려간다. 하품을 하듯이 입을 크게 벌리면 혀가 내려갈 수 있는 공간이 생겨 혀는 자연스럽게 아래로 내려가게 되는 것이다.

혀를 내리는 또 다른 방법은 '입술 털기'다. 자, 입술을 한번 턴 다음 바로 "아~~" 하고 길게 외쳐보자. 입술을 털 때의 혀 위치를 보면 혀가 내려가 있다. 이때 바로 입을 열어 "아~~"를 길게 외치면 혀가 내려간 상황에서 "아~~"라는 소리를 낼 수 있다.

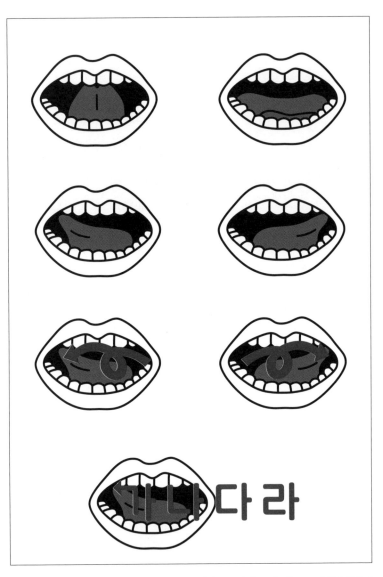

그림 7-5 | 혀 스트레칭. 발음에 따라 혀가 자유자재로 움직일 수 있도록 스트레칭을 해주면 발음할 때 혀 위치가 정확해져 발음이 훨씬 좋아진다.

그림 7-6 | 하품할 때 혀가 내려가는 모습. 하품하듯이 입을 크게 벌리면 혀가 내려갈 수 있는 공간이 생겨 혀는 자연스럽게 아래로 내려가게 된다.

혀를 내리는 마지막 방법은 '톤을 내리는 것'이다. 톤을 내리면 혀는 자연스럽게 아래로 내려간다. 어린아이 목소리를 내거나 혀가 짧은 듯한 음성을 내는 분들은 '톤 내리기 연습'을 하면 목소리에 한결 안정감과 신뢰감이 생길 수 있다.

내가 했던 방법 가운데 톤 내리기에 가장 좋았던 것은 무슨 말을 하든지 두 번 말하는 것이다. "안녕하세요!"라는 말을 할 때 습관적으로 처음에는 내가 내던 톤으로 말을 하게 된다. 하지만 바로 그톤보다 낮은 톤으로 "안녕하세요"라고 소리를 낸다. 그런 다음 더 낮은 두 번째 톤으로 계속 말을 이어가는 것이다. 낮은 톤으로 말하는 습관을 잡는 데는 이것만큼 좋은 것이 없다.

열창하는 가수의 입 모양을 들여다보자. 어떤가? 혀가 중간에

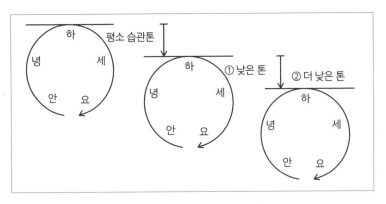

그림 7-7 | 톤을 낮춰 연습하는 방법. 무슨 말을 하든지 톤을 낮춰 두 번씩 말을 하는 것은 톤을 낮추는 가장 좋은 연습 방법이다.

떠 있는가? 내려와 있는가? 분명 혀가 내려와 있을 것이다. 혀를 바닥에 내려 소리가 진동할 수 있는 공간을 만들어주자. 그럼 좀 더 또렷한 음가를 얻을 수 있다.

발음 비법 3: 첫음절에 악센트를 줘라

"왜 자꾸 혼자 구시렁거리는 거야!"

"우물우물 하지 말고 똑바로 좀 말해봐."

"왜 이렇게 말에 힘이 없어?"

평상시에 이런 말을 많이 듣는 분들은 대부분 말 안에 강약이 없어서일 가능성이 크다. 강약이 없이 말이 일자로 쭉 이어질 경우 말에 색깔 변화가 없어 전달력이 떨어지게 된다.

예를 들어 "올 상반기 우리 회사의 매출은 타 경쟁사 대비 30% 하락했으며, 이는 기업 전반에 걸친 총체적인 위기를 가져올 것으로 보입니다"라는 내용을 단어 하나하나에 색깔을 넣지 않고 그냥 일자로 무미건조하게 읽는다면 이 위기가 정말 위기처럼 느껴질까? '하락했다', '총체적인 위기를 가져올 것이다'라는 말은 조금 더 위기감이 가득한 목소리로 색깔을 달리해 강하게 전달해야 사람들이 '아, 정말 위기구나. 열심히 해야겠다'라는 생각을 하지 않을까?

아무리 발음을 정확하게 해도 단어와 단어가 서로 구분되어 있지 않으면 잘 들리지 않는다. 만약 우리가 노래를 부른다고 생각해보자. 앞 단어와 뒤 단어의 리듬감이 달라야만 가사 전달력이 좋아진다. 단어와 단어 사이의 리듬감이 똑같은 랩의 경우, 잘 들리지 않는 요인도 바로 여기에 있다.

내 삶을 그냥 내버려 둬~

만약 내가 이 말을 "내 삶을 그냥 내버려 둬"라고 일자로 읽는다면 사람들은 내 말에서 어떤 감정도 느낄 수 없을 것이다. 위에서처럼 단어 하나하나의 의미에 맞는 색깔을 넣으면 훨씬 잘 들리게 된다. 우리는 이것을 '표현력'이라고 말한다.

어떤 말이든 '맛깔나게' 하는 사람이 있다. 맛있는 밥을 먹어도 "맛있네"라며 맥 빠지게 말하는 사람이 있고, 어떤 사람은 "음~ 정말 맛있다!"라고 맛깔나게 표현하는 사람이 있다. 이렇게 단어 하나하나에 생명력을 불어넣어주면 정말 좋으련만, 이렇게 말하는 것을 어색해하고 어려워하는 사람들이 많다.

이런 분들을 위한 팁을 드리겠다. 바로 단어 첫음절에 '악센트'를 넣는 것이다. 첫음절에 악센트를 넣게 되면 말에 전체적으로 힘이 들어가게 되어 소리가 더욱 커져 명료하게 들리고 더불어 생명력도 붙게 된다.

첫음절에 악센트를 주면 소리가 명료하게 잘 들린다. 좋은 목소리는 '동그란 모양'을 갖고 있다. 동그란 목소리는 소리가 앞으로 나갔다 부메랑처럼 돌아오는 소리를 말하므로, 단어의 첫음절에 악센트를 주면 소리가 앞으로 나가기 때문에 소리가 더욱 명료하게 들리는 것이다.

또한 단어 첫음절에 악센트를 넣으면 말의 전달력이 굉장히 좋아진다. 사람들은 첫음절을 듣고 나머지 다른 소리를 듣기 전에 단어의 뜻을 유추한다. 첫음절이 잘 들리면 스스로 단어 자체의 뜻을 유추할 수 있기 때문에 뒤 음절이 잘 들리지 않아도 잘 들렸다고 생각하는 것이다.

게다가 첫음절에 악센트를 주면 단어 끝에 힘이 가는 것을 막을 수 있다. 단어 끝에 힘이 들어가면 "안녕하십까~~"라는 이상한 소리가 나오게 된다. 자, 이제 첫음절에 악센트를 줘보자. 그럼 한결 발음의 전달력이 좋아질 것이다.

예를 들어 "자, 지금부터 첨단의료복합단지 조성에 관한 프레젠테이션을 시작하겠습니다"라고 말할 때 그냥 똑같은 톤으로 이야기하지 말고 단어의 첫음절에 악센트를 줘보자. '자, 지, 첨, 의, 복, 단, 조, 프, 테, 시, 하' 이 음절을 다른 음절에 비해 더 힘있게 이야기해준다고 생각하면 된다. 단 첫음절에 악센트를 줄 때 너무 강하면 어색해질 수 있다. 조금 더 잘 들리게끔 악센트를 주는 것이지 음 자체가 너무 튀어서는 안 된다.

정확한 발음을 얻고 싶은가? 그럼 입 모양을 크게 하고, 혀 위치를 정확하게 두며, 첫음절에 악센트를 넣어라. 『습관의 힘』이라는 책을 쓴 잭 D. 핫지(Jack D. Hodge)는 "우리가 습관을 바꾸는 데는 21일이라는 시간이 걸린다"라고 말했다. 21일 정도만 투자해서 내가 하던 말하기 습관에서 벗어나보자.

말할 때 '입 근육을 너무 심하게 움직이는 것 아니야?'라는 생각이 들게끔 입을 크게 벌려보자. '어색하지 않나?'라고 생각하지는 말자. 나만 어색해하지 다른 사람은 절대 어색하게 생각하지 않는

117

다. 말을 할 때 단어 자체를 상대방의 귀에 넣는다고 생각하자. 마치 농구를 할 때 농구 골대에 공을 넣듯이 말이다. 단어 하나하나를 정성 들여 말해보자.

러시아의 유명 작가인 막심 고리키(Maxim Gor'kii)는 "사람의 눈은 그가 현재 어떻다는 인품을 말하고, 그 사람의 입은 그가 무엇이 될 것인가 하는 가능성을 말한다"라고 했다. 내 입에서 나오는 말이 명확한 음가를 가졌다면 "지금의 너보다 미래의 네가 더 궁금해!"라는 말이 사람들 입속에서 나오지 않을까?

동영상으로 공부하며 부정확한 발음에서 탈출하자!
임유정TV '하루 10분 발음 교정법'

어려운 발음 연습

어려운 발음은 그냥 입 모양만 내서 연습하기보다는 소리를 '쭉~' 밀어낸다는 느낌으로 연습해보자.

<u>1.</u> 뜰의 콩깍지는 깐 콩깍지인가 안 깐 콩깍지인가. 깐 콩깍지면 어떻고 안 깐 콩깍지면 어떠냐. 깐 콩깍지나 안 깐 콩깍지나 콩깍지는 다 콩깍지인데.

<u>2.</u> 간장공장 공장장은 강 공장장이고, 된장공장 공장장은 공 공장장이다.

<u>3.</u> 저기 계신 저분이 박 법학박사이시고, 여기 계신 이분이 백 법학박사이시다.

4. 작년에 온 솔장수는 새 솔장수고, 금년에 온 솔장수는 헌 솔장수다.

5. 상표 붙인 큰 깡통은 깐 깡통인가? 안 깐 깡통인가?

6. 신진 샹숑 가수의 신춘 샹숑 쇼우.

7. 서울특별시 특허 허가과 허가과장 허과장.

8. 저기 저 뜀틀이 내가 뛸 뜀틀인가 내가 안 뛸 뜀틀인가?

9. 앞집 팥죽은 붉은 팥 풋팥죽이고, 뒷집 콩죽은 햇콩 단콩 콩죽, 우리집 깨죽은 검은깨 깨죽인데 사람들은 햇콩 단콩 콩죽 깨죽 죽먹기를 싫어하더라.

10. 우리집 옆집 앞집 뒷창살은 홑겹창살이고, 우리집 뒷집 앞집 옆창살은 겹홑창살이다.

11. 내가 그린 기린 그림은 긴 기린 그림이고, 니가 그린 기린 그림은 안 긴 기린 그림이다.

12. 철수 책상 철 책상.

13. 저기 가는 저 상장사가 새 상 상장사냐 헌 상 상장사냐.

14. 중앙청 창살은 쌍창살이고, 시청의 창살은 외창살이다.

15. 멍멍이네 꿀꿀이는 멍멍해도 꿀꿀하고, 꿀꿀이네 멍멍이는 꿀꿀해도 멍멍하네.

16. 저기 있는 말뚝이 말 맬 말뚝이냐, 말 못 맬 말뚝이냐.

17. 옆집 팥죽은 붉은 팥죽이고, 뒷집 콩죽은 검은 콩죽이다.

18. 경찰청 쇠창살 외철창살, 검찰청 쇠창살 쌍철창살.

19. 경찰청 철창살이 쇠철창살이냐 철철창살이냐.

20. 내가 그린 구름 그림은 새털구름 그린 구름 그림이고, 네가 그린 구름 그림은 깃털구름 그린 구름 그림이다.

21. 칠월 칠일은 평창친구 친정 칠순 잔칫날.

22. 고려고 교복은 고급교복이고, 고려고 교복은 고급원단을 사용했다.

23. 내가 그린 기린 그림은 잘 그린 기린 그림이고, 네가 그린 기린 그림은 잘못 그린 기린 그림이다.

24. 대우 로얄 뉴로얄.

25. 한국관광공사 곽진광 관광과장.

26. 생각이란 생각하면 생각할수록 생각나는 것이 생각이므로 생각하지 않는 생각이 좋은 생각이라 생각한다.

27. 앞 뜰에 있는 말뚝이 말 맬 말뚝이냐 말 안 맬 말뚝이냐.

28. 김서방네 지붕 위에 콩깍지가 깐 콩깍지냐 안 깐 콩깍지이냐?

29. 안 촉촉한 초코칩 나라에 살던 안 촉촉한 초코칩이 촉촉한 초코칩 나라의 촉촉한 초코칩을 보고 촉촉한 초코칩이 되고 싶어서 촉촉한 초코칩 나라에 갔는데, 촉촉한 초코칩 나라의 문지기가 "넌 촉촉한 초코칩이 아니고 안 촉촉한 초코칩이니까 안 촉촉한 초코칩 나라에서 살아"라고 해서 안 촉촉한 초코칩은 촉촉한 초코칩이 되는 것을 포기하고 안 촉촉한 초코칩 나라로 갔다.

발음에 대한 표준어 규정

표준어 규정, 보기만 해도 참 어렵다는 생각이 든다. '제몇항' 이런 내용들은 '아~ 이렇구나'라고 한 번 보면 되고, 그 아래에 써놓은 예문들만 소리 내서 읽어보자. 계속 소리 내어 읽다 보면 자연스럽게 입에 익게 된다.

제8항   받침소리로는 'ㄱ, ㄴ, ㄷ, ㄹ, ㅁ, ㅂ, ㅇ'의 7개 자음만 발음한다.

제9항   받침 'ㄲ, ㅋ', 'ㅅ, ㅆ, ㅈ, ㅊ, ㅌ', 'ㅍ'은 어말 또는 자음 앞에서 각각 대표음 [ㄱ, ㄷ, ㅂ]으로 발음한다.

닭다[닥따]	키읔[키윽]	키읔과[키윽꽈]
옷[옫]	웃다[욷ː따]	있다[읻따]
젖[젇]	빚다[빋따]	꽃[꼳]
쫓다[쫀따]	솥[솓]	뱉다[밷ː따]
앞[압]	덮다[덥따]	

제10항 겹받침 'ㄳ', 'ㄵ', 'ㄼ, ㄽ, ㄾ', 'ㅄ'은 어말 또는 자음 앞에서
각각 [ㄱ, ㄴ, ㄹ, ㅂ]으로 발음한다.

넋[넉]	넋과[넉꽈]	앉다[안따]
여덟[여덜]	넓다[널따]	외곬[외골]
핥다[할따]	값[갑]	없다[업ː따]

다만, '밟-'은 자음 앞에서 [밥]으로 발음하고, '넓-'은 다음과 같은
경우에 [넙]으로 발음한다.

(1) 밟다[밥ː따]　　　밟소[밥ː쏘]　　　밟지[밥ː찌]

　　밟는[밥ː는→밤ː는]　밟게[밥ː께]　　　밟고[밥ː꼬]

(2) 넓-죽하다[넙쭈카다]　　넓-둥글다[넙뚱글다]

※ [ː] 표시는 장음 표시이므로 길게 발음해줘야 한다.

제11항 겹받침 'ㄺ, ㄻ, ㄿ'은 어말 또는 자음 앞에서 각각 [ㄱ, ㅁ,
ㅂ]으로 발음한다.

닭[닥]	흙과[흑꽈]	맑다[막따]

늙지[늑찌]	삶[삼ː]	젊다[점ː따]
읊고[읍꼬]	읊다[읍따]	

다만, 용언의 어간 말음 'ㄹ'은 'ㄱ' 앞에서 [ㄹ]로 발음한다.

맑게[말게]	묽고[물꼬]	얽거나[얼꺼나]

제12항 받침 'ㅎ'의 발음은 다음과 같다.

1. 'ㅎ(ㄶ, ㅀ)' 뒤에 'ㄱ, ㄷ, ㅈ'이 결합되는 경우에는, 뒤 음절 첫소리와 합쳐서 [ㅋ, ㅌ, ㅊ]으로 발음한다.

놓고[노코]	좋던[조ː턴]	쌓지[싸치]
많고[만ː코]	않던[안턴]	닳지[달치]

[붙임 1] 받침 'ㄱ(ㄺ), ㄷ, ㅂ(ㄼ), ㅈ(ㄵ)'이 뒤 음절 첫소리 'ㅎ'과 결합되는 경우에도, 역시 두 음을 합쳐서 [ㅋ, ㅌ, ㅍ, ㅊ]으로 발음한다.

각하[가카]	먹히다[머키다]	밝히다[발키다]
맏형[마텅]	좁히다[조피다]	넓히다[널피다]
꽂히다[꼬치다]	앉히다[안치다]	

[붙임 2] 규정에 따라 'ㄷ'으로 발음되는 'ㅅ, ㅈ, ㅊ, ㅌ'의 경우에도 이에 준한다.

옷 한 벌[오탄벌]	낮 한때[나탄때]	숱하다[수타다]
꽃 한 송이[꼬탄송이]		

2. 'ㅎ(ㄶ, ㅀ)' 뒤에 'ㅅ'이 결합되는 경우에는, 'ㅅ'을 [ㅆ]으로 발음한다.

닿소[다:쏘]   많소[만:쏘]   싫소[실쏘]

3. 'ㅎ' 뒤에 'ㄴ'이 결합되는 경우에는, [ㄴ]으로 발음한다.

놓는[논는]   쌓네[싼네]

[붙임] 'ㄶ, ㅀ' 뒤에 'ㄴ'이 결합되는 경우에는, 'ㅎ'을 발음하지 않는다.

않네[안네]   않는[안는]   뚫네[뚤네→뚤레]

뚫는[뚤는→뚤른]

* '뚫네[뚤네→뚤레], 뚫는[뚤는→뚤른]'에 대해서는 제20항 참조.

4. 'ㅎ(ㄶ, ㅀ)' 뒤에 모음으로 시작된 어미나 접미사가 결합되는 경우에는, 'ㅎ'을 발음하지 않는다.

낳은[나은]   놓아[노아]   쌓이다[싸이다]

많아[마:나]   않은[아는]   닳아[다라]

싫어도[시러도]

제13항 홑받침이나 쌍받침이 모음으로 시작된 조사나 어미, 접미사와 결합되는 경우에는, 제 음가대로 뒤 음절 첫소리로 옮겨 발음한다.

깎아[까까]   옷이[오시]   있어[이써]

낮이[나지]   꽂아[꼬자]   꽃을[꼬츨]

쫓아[쪼차]   밭에[바테]   앞으로[아프로]

덮이다[더피다]

제14항 겹받침이 모음으로 시작된 조사나 어미, 접미사와 결합되는 경우에는, 뒤엣것만을 뒤 음절 첫소리로 옮겨 발음한다.(이 경우, 'ㅅ'은 된소리로 발음함.)

넋이[넉씨]   앉아[안자]   닭을[달글]

젊어[절머]   곬이[골씨]   핥아[할타]

읊어[을퍼]   값을[갑쓸]   없어[업ː써]

제15항 받침 뒤에 모음 'ㅏ, ㅓ, ㅗ, ㅜ, ㅟ'로 시작되는 실질 형태소가 연결되는 경우에는, 대표음으로 바꾸어서 뒤 음절 첫소리로 옮겨 발음한다.

밭 아래[바다래]   늪 앞[느밥]   젖어미[저더미]

맛없다[마덥따]   겉옷[거돋]   헛웃음[허두슴]

꽃 위[꼬뒤]

다만, '맛있다, 멋있다'는 [마싣따], [머싣따]로도 발음할 수 있다.

[붙임] 겹받침의 경우에는, 그중 하나만을 옮겨 발음한다.

넋 없다[너겁따]   닭 앞에[다가페]   값어치[가버치]

값있는[가빈는]

제16항 한글 자모의 이름은 그 받침소리를 연음하되, 'ㄷ, ㅈ, ㅊ, ㅋ, ㅌ, ㅍ, ㅎ'의 경우에는 특별히 다음과 같이 발음한다.

디귿이[디그시]   디귿을[디그슬]   디귿에[디그세]

지읒이[지으시]   지읒을[지으슬]   지읒에[지으세]

치읓이[치으시]   치읓을[치으슬]   치읓에[치으세]

키읔이[키으기]   키읔을[키으글]   키읔에[키으게]

티읕이[티으시]   티읕을[티으슬]   티읕에[티으세]

피읖이[피으비]   피읖을[피으블]   피읖에[피으베]

히읗이[히으시]   히읗을[히으슬]   히읗에[히으세]

소리가 작다면 발성으로 소리를 크게 하라

목만 쥐어짜서 나오는 소리가 아니라 내 몸 전체를 울려 나와야 한다.
내 몸의 연주 방법을 배우면 내 몸 전체를 울려 소리를 낼 수 있다.

오랜만에 친구들을 만나 월남쌈을 먹으러 베트남 쌀국수 가게에 갔다. 옆 테이블에 남자 3명이 앉아 있었다. 그 남자들이 일하시는 분에게 단무지를 달라고 요청하는 모습이 보였다. 근데 그 목소리가 너무 작아 식당 직원들이 듣지 못했다. 한 친구가 "여기요" 하고 외쳤다. 그 소리를 직원분이 듣지 못하자 옆에 있는 친구가 "여기요, 단무지요!" 하고 외쳤다. 하지만 이 말도 듣지 못하자 마지막 남은 친구가 "여기요, 단무지 좀 주세요" 하고 말했다.

이 3명의 친구 모두 목소리가 작아 점원분들이 듣지 못했다. 그러자 그중에 한 친구가 "에휴, 그냥 먹자"라고 말했다. 난 그 모습을 보고 나서 "사장님! 옆 테이블에 단무지 추가해주세요!"라고 크게 외쳤다. 자, 결과는? 당연히 "네~~ 갔다드릴게요!"였다.

목소리가 작으면 식당에서 음식을 주문할 때도 어려움을 겪는다. 만약 식당에서 일하시는 분들이 잘 들을 수 있도록 처음부터 크게 말했으면 여러 번 말하는 수고스러움을 겪지 않았을 것이다.

목소리는 울림이다. 보이지 않는 파동이 고막을 울려 듣게 되는 것이 바로 우리의 '소리'인 것이다. 그런데 그 울림의 길이를 길게 하지 않고, 자신만 들리게끔 소리를 짧게 내는 사람이 있다. 이런 사람과 대화를 나눌 경우 나도 모르게 몸이 앞쪽으로 쏠린다. 상대 방의 말을 잘 듣기 위해 본능적으로 몸이 앞으로 향하는 것이다.

내가 힘을 들여 목소리를 크게 하지 않으면 내 말을 듣는 사람이 힘겹게 내 말을 들어야 한다. 상대방이 내 말을 쉽고 편하게 잘 들을 수 있도록 크게 이야기해보자. 그렇게 하려면 '발성' 연습을 해야 한다.

보이스계의 스테디셀러인 복식호흡

발성은 '소리의 울림'을 말한다. 목만 쥐어짜서 나오는 소리가 아니라 내 몸 전체를 울려 나오는 소리를 말하는데, 이런 좋은 울림을 얻기 위해서는 보이스계의 스테디셀러인 '복식호흡'을 공부해야 한다. 내 몸도 바이올린이나 첼로처럼 하나의 악기와 같다. 내 몸을 연주하는 방법을 배우면 내 몸 전체를 울려 소리를 낼 수 있다.

자, 복식호흡에 대해 공부해보자. 복식호흡이란 숨을 배까지 깊숙이 채운 다음 입으로 뱉는 호흡을 말한다. 사실 숨은 배에 채울 수 없다. 폐에 채우는 것이다. 그런데 폐에 공기를 많이 채우면 배까지 확장된다. 즉 다시 말해 복식호흡은 폐에 숨을 많이 채워 배까지 확장시키는 것을 말한다.

먼저 갈비뼈 아래 부분을 만져보자. 여기에서부터 배꼽 아래 5cm까지의 사이에 손을 올려놓아보자. 이곳을 우리는 복식호흡 존(zone)이라고 부른다. 여기에 풍선이 들어가 있다고 생각해보자. 그런 다음 숨을 천천히 들이마셔보자. 숨이 들어가면서 풍선은 부풀어 오를 것이다. 더불어 배도 함께 부풀게 될 것이다. 다시 숨을 천천히 내뱉어보자. 풍선에 있던 바람이 나가면서 풍선은 수축될 것이다. 더불어 배도 함께 수축될 것이다.

어려운가? 그럼 다시 한번 천천히 해보자. 복식호흡은 '밥 먹기'랑 똑같다. 밥을 먹으면 배가 나오는 것처럼 숨을 들이마시면 배가 나온다. 매우 쉬운 원리인데 헷갈리는 분들이 많다. '왜 난 숨을 들이마시면 오히려 배가 들어가고 가슴이 나오지?' 하시는 분들이 계시는가? 그것은 배가 아닌 가슴에 숨을 채웠기 때문이다. 이것은 흉식호흡이다.

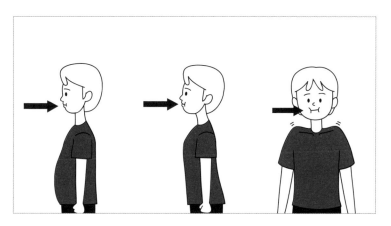

그림 8-1 | 복식호흡(좌)과 흉식호흡(중)과 쇄골호흡(우). 숨을 들이마실 때 배가 나오는 것은 복식호흡을 하는 것이고, 배가 들어가고 가슴이 나오는 것은 흉식호흡을 하는 것이다. 또한 쇄골 쪽이 나오는 것은 쇄골호흡을 하는 것이다.

편안하게 숨을 깊이 들이마시고 뱉어보자. 배에 숨을 가득 채운다고 생각해보자. 또는 지금 당장 침대에 누워 복식호흡 존에 책을 올려놓고 숨을 편안하게 들이마셔보자. 자, 어떤가? 숨을 들이마시면 배가 부풀어 위로 올라가지 않는가? 그런 다음 숨을 뱉으면 배는 아래로 내려간다. 이것이 바로 "배로 호흡을 한다"라고 말하는 것이다.

호흡하는 방법 중에 가장 좋지 않은 방법은 쇄골호흡이다. 쇄골호흡은 쇄골로 하는 호흡을 말하는데, 숨을 깊게 들이마시지 못할 때 하는 호흡이다. 일반적으로 건강이 많이 좋지 않거나, 100m 달리기를 막 하고 나서 숨이 차 숨을 계속 들이마셔야 할 때 하는 호흡이다. 몸이 아픈 사람들은 처음에는 복식호흡을 하지만 병이 더 깊어지면 흉식호흡을 하고 더욱 병이 심해지면 쇄골호흡을 하는 것을 볼 수 있다.

호흡의 종류

1. 쇄골호흡
"쇄골이 예뻐야 미인이다"라는 말이 있지만 말을 할 때 쇄골을 이용해서는 안 된다. 쇄골호흡은 우리가 죽기 직전이나 아주 숨이 가쁠 때만 하는 호흡으로 아주 약한 호흡을 말한다.

2. 흉식호흡
흉식호흡의 흉은 가슴 '흉(胸)' 자인데, 이는 가슴으로 하는 호흡을 말한다. 길거리를 지나가다 내 이상형을 만났다면 어떻게 해야 하는가? 배를 쏙 집어넣어야 하지 않은가? 배를 쏙 집어넣으면 가슴이 나온다. 이것이 바로 흉식호흡이다. 즉 숨을 들이마시는데 배는 쏙 들어가고, 가슴이 나오는 호흡을 말한다.

3. 복식호흡
여기서 복은 배 '복(服)' 자다. 즉 배를 이용해 호흡하는 것을 말하는데, 복식호흡은 갈비뼈 아래를 시작으로 배꼽 아래 5cm까지의 공간에 숨을 담는 것이다. 이 부분을 복식호흡 존이라고 이야기한다. 이곳에 풍선이 들어가 있다고 생각하자. 숨을 들이마시면 풍선은 부풀어 오르게 되고, 배도 역시 나오게 된다. 다시 숨을 '후~' 하고 내쉬면 풍선에 들어 있는 바람은 빠지게 되고, 배도 역시 수축하게 된다.

---

4. 단전호흡

단전은 배꼽과 생식기의 가운데를 말하며 아랫배라고 생각해도 좋다. 단전호흡은 고난도 호흡법으로 명상이나 요가 훈련을 할 때 사용한다. 우리가 말할 때는 복식호흡으로도 충분하다.

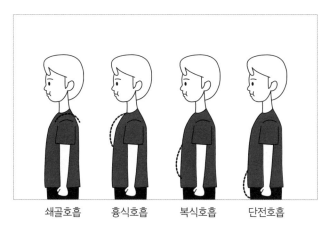

쇄골호흡　　　흉식호흡　　　복식호흡　　　단전호흡

그림 8-2 | 호흡의 종류

가슴이 아닌 배에 숨을 가득 채우고 말하라

그렇다면 복식호흡 연습이 끝났다고 해서 모든 준비가 끝났을까? 그렇지 않다. 많은 사람이 연습할 때는 복식으로 연습하고 말을 할 때는 흉식으로 하니 이것을 고쳐야 한다. 자, 과연 어떻게 하면 복식으로 말을 할 수 있을까?

133

간단한 게임을 한번 해보자. '안녕하세요'라는 단어를 숨을 들이마시면서 이야기해보자. 단 절대 숨이 나가서는 안 된다. 한 치의 숨도 나가면 안 된다. 들이마시면서 '안녕하세요'를 해보자. 어떤가? 숨을 들이마시면서 '안녕하세요'를 할 수 있는가? 절대 할 수 없을 것이다. 이건 애초부터 안 되는 게임이다. 우리는 숨이 들어가는, 즉 '들숨'에서는 말을 할 수 없다. 그렇다면 숨을 내쉬면서 말을 해볼까? "안녕하세요!" 자, 어떤가? 이제는 말이 잘되는 것을 느낄 수 있다. 우리의 말은 이렇듯이 '들숨'이 아닌 '날숨'에서만 할 수 있다. 즉 우리는 숨을 내뱉으며 말하는 것이다.

그렇다면 애초에 내가 말을 시작하기로 한 그 시점에 이미 내 배 안에는 숨이 들어가 있어야 한다는 뜻이다. 생각해보자. 물탱크에

그림 8-3 | 배에 숨을 가득 채운 다음 숨을 끌어올려 말하는 모습. 복식호흡으로 말을 하면 목만 쥐어짜서 내는 소리가 아니라 내 몸 전체를 울려서 소리가 나온다.

물이 없으면 물이 나올 수 없는 것처럼 숨 탱크에 숨이 있어야 그 숨이 나가며 말을 할 수 있는 것이 아니겠는가? 여기에 해답이 있다. 우리가 말을 하기로 마음먹은 그 순간에 이미 배까지 숨이 들어가 있어야 한다. 배에 차 있는 숨이 밖으로 나오면서 말을 하게 되는 것이기 때문이다. 복식호흡으로 말을 한다는 것은 배에 차 있는 호흡을 위로 끌어올리면서 말한다는 것을 뜻한다.

하지만 대부분 사람들은 복식호흡을 연습하고 나서 말을 할 때는 숨을 가슴에 채우고 그냥 말을 뱉는다. 말에도 스탠바이(준비)가 필요하다. 자, 배에 숨을 가득 채우고 '안녕하세요!'를 말해보자. 이것이 바로 복식호흡으로 말하기다.

내 몸의 공명점을 찾아야 한다

둘째, 내 몸의 공명점을 찾아라. 즉 자신의 '키톤'을 찾는 것이다. 공명점을 찾아 소리를 낸다면 당연히 내 몸에 맞는(키톤에 맞는) 좋은 목소리를 낼 수 있다. 키톤은 명상을 하거나 안정감을 느낄 때 또는 누군가에게 진심으로 말할 때 나오는 음역대를 말한다. 키톤은 울림이 가장 극대화되는 톤으로, 키톤에 맞춰 말을 하면 나도 편하고 상대방이 듣기에도 편한 목소리가 나오게 된다.

사람들은 각자의 몸에 맞는 톤을 가지고 있다. 마치 피아노의 음

그림 8-4 | 공명점을 손가락으로 누르는 모습. 말을 할 때는 이 부분을 손가락으로 눌러주는 것이 아니라 바로 '복근'으로 눌러줘야 한다. 그렇기 때문에 자신의 키톤을 찾기 위해서는 복근 훈련을 통해 말할 때 자연스럽게 공명점이 눌러질 수 있도록 연습해야 한다.

게 '도레미파솔라시도'처럼 각자 그들의 몸에 맞는 톤을 갖고 있는 것이다. 키톤을 찾는다는 것은 깊은 울림이 느껴지는 공명점을 찾는 것이다. 깊은 울림이 나오는 공명점을 찾아서 말해야 나만의 키톤 영역대에 맞는 공명을 낼 수 있다.

내 몸에 맞는 키톤을 찾아보자. 내 몸에서 소리가 나오는 공명점을 찾으면 된다. 키톤을 찾으면 고음이나 저음도 무리 없이 낼 수 있으며, 자기 스스로 울림을 만들어내기 때문에 성대의 피로도도 낮추면서 정확한 소리를 얻을 수 있다.

그럼 자신의 키톤을 찾기 위해서는 어떻게 해야 할까? 먼저 복식호흡 존에 숨을 채운 다음 갈비뼈가 갈라지는 명치(Y-zone)에 손

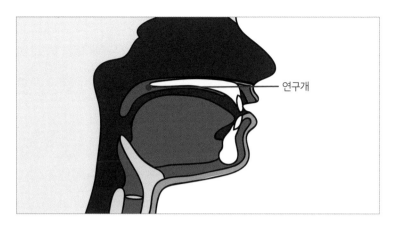

연구개

그림 8-5 | 연구개의 모습. 울림이 있는 좋은 발성을 얻기 위해 하나 더 중요한 것은 입안을 크게 벌리고 혀를 내려 연구개에서 소리가 나오도록 해야 한다.

가락을 갖다 댄다. 이곳이 공명점이다. "음~"이라는 소리를 내보자. 공명점에 양쪽 손가락으로 계속 압력을 주자. 이때 소리를 내면서 배를 손가락으로 눌러보자. 울림이 큰 것이 느껴지는가? 공명점이 아닌 다른 곳을 손가락으로 눌러보자. 공명점을 눌렀을 때의 울림이 더 크다는 것을 알 수 있을 것이다.

공명점은 소리가 나오는 초인종이다. 이곳 공명점을 누르면 내 몸 전체에 울림이 생겨 더 좋은 목소리가 나올 수 있다. 하지만 이 지점을 평소에 말을 하면서 손가락으로 계속 눌러줄 수는 없다. 평소에 말을 할 때는 이 부분을 손가락으로 눌러주는 것이 아니라 바로 '복근'으로 눌러줘야 한다. 자신의 키톤을 찾기 위해서는 복근 훈련을 통해 자연스럽게 말을 할 때 공명점이 눌러질 수 있도록 연습해야 한다.

자, 정리해보자. 간단히 말해 울림이 있는 좋은 발성을 얻기 위해서는 복식호흡으로 숨을 채운 다음 공명점을 눌러야 한다. 그렇게 하면 내 몸에 맞는 키톤의 목소리가 나오게 된다.

또한 여기에 중요한 것이 하나 더 있다. 바로 입 모양을 동그랗게 만드는 것이다. 입안에 소리가 더욱 잘 진동할 수 있도록 입안을 크게 벌려주자. 입을 벌린 다음 혀를 내려 연구개(입천장에서 연한 뒤쪽 부분)에서 소리가 나올 수 있도록 열어주자. 입안이 완전히 열리게 되면 목젖이 보일 정도로 입을 크게 벌려주자. 그다음 배에 숨을 채우고 자신의 공명점을 누르며 한껏 "아~~" 하고 소리를 내보자.

한 안과 의사를 상담한 적이 있다. 그는 환자와 한참을 안과 질환에 대해 말하고 있는데 대뜸 환자가 "그런데 의사 선생님은 언제 오시는 거예요?"라고 말했다고 한다. 그분의 음성을 테스트해보니 아성이 많아 울면서 말하는 느낌이 많았으며, 톤이 높아 허스키하고 시끄럽게 들렸다. 더군다나 발성이 하나도 되질 않아서 목과 어깨의 피로도가 높은 상황이었다.

일단 복식호흡 연습을 통해 호흡을 아래로 내렸다. 그런 다음 목이 아닌 갈비뼈 아래 공명점에서 소리가 나오게끔 지도했다. 그런 다음 입안을 넓혀 소리가 잘 진동하도록 했다. 그 결과 한결 편안하고 안정적인 목소리가 나왔다.

먼저 복식호흡으로 숨을 담고, 복근으로 공명점을 눌러 배에 있던 숨을 위로 끌어올려라. 입을 동그랗게 해 울림을 배가 시킨 후 "아~~"하고 뱉어보자. 그럼 한결 좋은 목소리가 나올 것이다.

동영상으로 공부하며 내 몸을 울리는 목소리를 만들자!
임유정TV '자신감 있는 목소리를 위한 발성법'

말의 체력인
호흡을 길러라

숨을 폐 안에 가득 들이마시고 다시 숨을 뱉는 게 한 호흡이다.
호흡이 길어야만 좋은 목소리라는 요리를 잘 만들어낼 수 있다.

"선생님, 저는 처음 다른 사람들 앞에 섰을 때는 별로 떨리지 않는
데요. 말을 하다 보면 떨림이 점점 커져 정신을 차릴 수 없어요. 왜
그런 거죠?"

"저는 말을 할 때 숨이 차서 말을 잘할 수 없어요."

"저는 말끝을 흐려요. 그래서 자신감이 없어 보인대요."

이분들의 증상의 원인은 바로 '호흡이 짧다'는 것이다.

난 어렸을 적에 말을 심하게 더듬거리는 아이였다. 초등학교
4학년 때에 내가 말을 더듬는 것을 걱정하셨던 어머니께서 담임

선생님을 찾아가서서 고민을 토로했다. 담임 선생님은 그때부터 내 말더듬증을 고치기 위해 나에게 매일 친구들 앞에 나가 동화구연을 하라는 명령(?)을 내리셨고, 말하는 것이 죽기보다 싫었던 나는 매일 아침 학교에 가기가 싫어 집을 울음바다로 만들었다.

그러던 중 정말 학교에 가기 싫은 날에 가출을 결심했다. 하루 종일 정처 없이 떠돌다가 집에 돌아갔더니 어머니는 "그래 네가 그렇게 싫으면 하지 마라"라고 하셨다. 하지만 담임 선생님의 의지를 꺾을 수는 없었다. 다음 날도 그다음 날도 나의 동화구연은 계속되었다. 그런데 계속 앞에 서서 말하다 보니 버벅거리는 횟수가 줄어들었다. 게다가 갑자기 빨라지던 말의 속도도 차츰 여유 있어지는 것이 아닌가.

이 책을 보는 분들 중에 말을 더듬어 고민하시는 분도 계실 것이다. 말을 더듬는 것은 호흡이 짧아서일 가능성이 크다. 말을 더듬거리는 사람들뿐만 아니라 머릿속에서 생각은 나는데 입이 따라주지 않는 사람들도 모두 말의 체력, 즉 호흡이 짧아서일 가능성이 크다.

내용이 머릿속이나 입안에서만 맴도는 경우가 있다. 말이 입 밖으로 토해지듯이 나와야 하는데 잘 나오지 않는다. 아예 입을 여는 것도 힘들게만 느껴지는 때도 있다. 이것은 바로 호흡이 좋지 않아서다. 더군다나 우리가 긴장을 하면 호흡은 더욱 짧아진다. 즉 앞에 나가 말을 할 때 가뜩이나 짧은 호흡이 더 짧아지기 때문에 더욱 말이 잘되지 않는다. 평소에 호흡을 길게 하는 훈련을 해두면 어떤 경우라도 차분히 호흡을 내려 편안하게 말할 수 있다. 자, 말의 체력인 호흡을 연습해보자.

한 호흡이 길어야 좋은 목소리를 낸다

호흡이란 살아 있는 생명체가 자신의 생명을 지키기 위해 본능적으로 이루어지는 활동을 말한다. 1분 동안에 호흡하는 횟수로 수명을 알 수도 있다. 수명이 10년에서 15년으로 짧은 개는 1분 동안 30회에서 35회 정도의 호흡을 한다. 반면에 1분에 2회에서 3회 정도의 호흡을 하는 거북이는 300년 가까이 산다. 사람은 어떤가? 1분에 15회에서 18회 정도 호흡을 한다. 이런 사람의 평균 수명은 80세 정도다. 이렇듯이 수명과 호흡은 밀접한 관계가 있다.

하지만 호흡은 수명에만 관계가 있는 것이 아니다. 호흡은 말과도 특별한 관계를 맺고 있다. 호흡은 목소리를 만들어내는 '재료'다. 호흡이 길어야만 좋은 목소리라는 요리를 잘 만들 수 있다.

호흡은 '말의 체력'을 말한다. 체력이 좋아야 운동을 잘할 수 있는 것처럼, 호흡이 좋아야 말을 잘할 수 있다. 숨을 폐 안에 가득 들이마시고 다시 숨을 뱉는 것을 '한 호흡'이라고 말한다. 한 번에 숨을 많이 마시고 길게 뱉는 사람을 보고 "호흡이 길다. 말의 체력이 좋다"라고 말한다. 반대로 숨을 들이마실 때는 조금만 들이마시고 뱉을 때 한꺼번에 많이 짧게 뱉는 사람들은 "호흡이 짧다. 말의 체력이 좋지 않다"라고 말한다.

한 호흡이 길어야 좋은 목소리를 낼 수 있다. 왜냐하면 호흡은 발음과 발성을 담는 그릇이기 때문이다. 그릇이 커야만 그 안에 정확한 발음과 풍부한 발성을 가득 넣을 수 있다. 호흡은 연습하면 길어질 수 있다.

그럼 과연 어떻게 하면 호흡이 길어질까? '호흡 참기' 연습을 하면 호흡이 조금씩 길어질 수 있다. 숨을 깊게 들이마신 다음 "아~" 하고 길게 뱉어보자. 얼마나 오랫동안 뱉을 수 있는가? 초침이 있는 시계 앞으로 가서 숨을 배까지 가득 채운 다음 "아~~" 하고 숨이 끊어지기 직전까지 뱉어보자.

20초도 지탱하지 못하는 사람이 있는가 하면, 40초 이상 소리를 내는 사람도 있다. 내가 만약 숨을 20초도 뱉지 못했다면 '아, 나는 호흡이 짧은 거구나. 호흡을 길게 하는 훈련을 해야지!'라고 생각해야 할 것이다.

원래부터 긴 호흡을 가진 사람들이 있다. 평상시에 말하는 것을 좋아하거나 말하는 것을 직업으로 하는 사람들은 조금씩 말을 하면서 체력이 좋아져 자기도 모르게 호흡이 좋아진 경우다. 하지만 스피치로 고민하는 대부분은 평상시 말을 하는 것을 별로 좋아하지 않는 경우가 많기 때문에 호흡이 짧다.

호흡 참기 연습법

1. 시계의 초침을 바라보자.
2. 배까지 숨을 가득 채운 다음 "아~" 하고 뱉어보자.
3. 기본 20초는 뱉을 수 있도록 해보자.
4. 다시 숨을 들이마시고 30초, 40초… 시간을 조금씩 늘려 계속 도전해보자.

그림 9-1 | 호흡 참기 연습. 시간을 조금씩 늘려가는 것이 호흡을 길게 하는 데 중요하다.

이때 숨을 채우면 풍선이 부풀어오르는 것처럼 배가 나와야 하고, 숨을 조금씩 내쉬면 풍선에서 바람이 빠지듯이 배는 수축되어야 한다. 수축되면서 갈비뼈 아래 공명점이 등에 붙는다는 느낌이 들 정도로 강하게 자극이 되도록 해야 한다.

'더 이상 숨을 뱉을 수 없다'라고 생각이 들 정도로 강하게 배(복근)를 수축시킨 다음 다시 크게 숨을 들이마시자. 그러고 나서 다시 "아~" 하고 뱉어보자.

평상시에 호흡을 길게 하자

평상시에 호흡을 길게 하는 훈련을 해보자. 복식호흡 존에 숨을 담은 다음 시계 초침을 바라보며 "아~~" 하고 20초 동안 중간에 숨을 쉬지 말고 뱉어보는 것이다. 그런 다음 시간을 25초, 30초로 늘려나가 보자. 자, 어떤가? 30초 동안 숨을 고루 뱉으면서 말을 할 수 있는가?

호흡을 길게 만드는 것은 '참기'임을 잊지 말자. 숨을 들이마시고 얼마나 오랫동안 숨을 조금씩 뱉을 수 있느냐가 호흡 훈련의 관건이다. 물론 숨을 많이 들이마시고 조금씩 뱉으면 한 호흡 안에 들어갈 수 있는 단어도 많아지고, 단어의 전달력 또한 명료해질 것이다. 호흡은 평상시에 연습을 많이 해야 빨리 길어진다.

어떤 분들은 차가 터널을 지나가기 전에 숨을 채웠다가 조금씩 뱉은 뒤 터널 밖으로 나왔을 때 다시 숨을 들이마신다고 한다. 또 어떤 분들은 머리를 감기 전에 숨을 채웠다가 머리를 수건으로 감쌀 때 다시 숨을 들이마신다고 한다. 물론 따로 하루에 30분, 1시간 정도 시간을 내서 목소리 훈련을 하는 것도 좋다. 하지만 더 중요한 것은 짬짬이 시간을 내 알토란같이 목소리를 훈련하는 것이다. 잊지 말자. 그 누군가는 머리를 감으면서도 터널을 지나면서도 목소리 훈련을 하고 있다는 것을!

호흡의 직접 기관

1. 코

코는 호흡 운동의 가장 중심이 되는 관문이다. 콧속에는 둥근 방이 있는데 그 속에는 작은 털들이 있어 공기와 섞여서 들어오는 불순물을 막아준다. 이 방을 우리는 비강이라고 부른다. 코는 공기를 정화시켜 폐로 들여보낸다.

2. 입

입과 입안은 발성(소리의 울림)을 만들어낼 때 중요한 역할을 한다. 입은 영양분을 공급하는 통로인 동시에 감정과 생각을 표현하는 역할도 함께 수행한다.

3. 후두

목구멍을 말한다. 목소리의 싹을 만드는 성대와 가성대가 있는 곳이다. 여자는 남자보다 후두가 위쪽에 있어 목소리가 높고 가늘다.

4. 폐

1분을 기준으로 사람에게 필요한 공기의 양은 보통 때 약 18리터다. 걸어갈 때는 약 27리터, 뛸 때는 약 55리터를 마셔야 한다. 평상시 우리는 1분에 약 16회의 호흡을 한다.

5. 횡경막

사람의 몸은 횡경막을 경계로 위쪽을 상체, 아래쪽을 하체로 구분한다. 횡경막은 뼈와 근육질로 되어 있어 견고하면서도 고무줄처럼 잘 늘어나고 줄어든다. 횡경막은 혼자 움직이지 못해 복부 근육과 늑골 근육의 도움을 받아 활동한다.

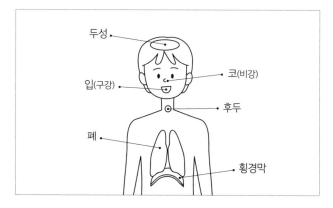

그림 9-2 | 호흡의 직접 기관

어느 날 강사를 준비하고 있는 수강생이 내게 이런 말을 했다.

"지난주에 어떤 강사님의 강의를 들었는데요. 내용도 참 좋고 준비도 많이 하신 것 같은데 목소리 때문에 강의를 듣는 내내 귀가 따가워 죽는 줄 알았어요. 어찌나 목소리가 하이톤이시던지. 그리고 계속 여러분 이거 꼭 알아야 한다고 어찌나 푸쉬하는지 정말 훈계만 2시간 내내 듣고 온 느낌이었다니까요!"

호흡은 목소리를 만들어내는 재료이기도 하고, 말에 감정이라는 생명력을 넣는 수단이기도 하다. 호흡이라는 그릇이 작으면 다양한 음식을 담아낼 수가 없다. 호흡이 짧아지면 나도 모르게 '톤이 올라간 상황에서 쥐어짜는 목소리'로 말을 하게 된다. 더불어 말도 굉장히 빨라진다. 이제 호흡 연습을 통해 '안정되고 편안한, 그러면서도 길게 말할 수 있는' 좋은 목소리에 도전해보자.

우리는 누구나 호흡을 하고 산다. 각박한 도시 생활을 하다 보면 나도 모르게 호흡이 얕아지고 가벼워진다. '헉헉헉헉', 마치 100m 달리기를 막 끝낸 사람처럼 가슴으로 얕게 호흡을 내쉰다. 이 짧은 호흡은 집에 돌아가 잠자리에 들기 전까지도 아래로 가라앉지 않는다.

휴가를 내 강원도나 전라도로 가는 긴 드라이브를 끝낸 후 차 문을 열고 나갔을 때의 상쾌함을 기억해보자. 이때의 호흡도 얕을까? 그렇지 않을 것이다. 상쾌하고 맑은 공기를 내 몸 구석구석에 담기 위해 깊게 심호흡을 할 것이다.

앞에 나가 발표만 하려고 하면 호흡이 더 올라간다. 더 빨라진다. 내 호흡을 내가 조절할 수 없다. 이대로 호흡을 둘 수는 없다.

언제 어디서든 당당하고 안정감 있게 숨을 깊게 들이마시고 뱉을 수 있도록 평소에 연습해야 한다. 어디서든 어떤 상황에서든 내 호흡을 내가 통제할 수 있도록 말이다.

목소리가 좋다는 것은 발음, 발성, 호흡, 이 3가지가 잘 유기적으로 연결되는 것을 말한다. 정확한 발음과 풍부한 발성, 긴 호흡을 기억하자. 이 3가지에 대해 알았다면 이제는 목소리가 좋은 사람의 비밀인 리듬 스피치에 대해 공부해보자.

동영상으로 공부하며 말의 체력인 호흡을 기르자!
임유정TV '안정되고 편안한 목소리를 위한 복식호흡법'

리듬 스피치로 말에 생명력을 불어넣어라

어조가 일자 론으로 나오면 밋밋해 상대방에게 호감을 줄 수 없다.
이제 말의 내용에 따라 노래 부르듯 살아 있는 리듬감을 넣어보자.

"어머, 아나운서 같으세요!" 마트에 가든, 옷을 사러 가든 항상 사람들에게 내가 듣는 말이다. 아나운서처럼 좋은 목소리와 정확한 발음을 갖고 있다는 칭찬일 수도 있지만 '내 말투가 그렇게 딱딱한가?'라는 생각도 들어 항상 부드럽게 말하려고 노력한다. 숨기려고 해도 숨겨지지 않는 아나운서의 느낌이 내 말속에 살아 있다. 그것은 바로 아나운서 특유의 '리듬감' 때문이다.

개그맨들에게도 개그맨 특유의 리듬감이 그들의 말속에 녹아 있다. '무한도전'을 이야기할 때 "무한도전" 또박또박 이야기하는

150

것이 아니라 "무~우한 도전!" 하고 리듬감 있게 외친다. 또한 "오늘은 어떤 도전이 펼쳐질지 여러분 함께해주시기 바랍니다!" 이렇게 말을 하면서도 평탄조로 이야기하는 것이 아니라 리듬을 넣어서 이야기한다.

연기자들도 마찬가지다. 〈선덕여왕〉이라는 드라마에서 배우 고현정이 했던 대사 가운데 이런 말이 있었다. "너희들은 지금껏 무엇을 했느냐? 난 혼신을 다해 이 신라를 지켰다." 이 말을 그냥 무미건조하게 쭉 배열하는 것이 아니라 말의 내용에 따라 서로 악센트를 달리하며 말의 리듬감을 살려 이야기하는 것을 볼 수 있었다.

이렇듯이 TV에 나오는 아나운서와 리포터, 쇼핑호스트, 개그맨, 연기자처럼 말 잘하고 말을 업으로 삼고 있는 사람들에게는 공통점이 있다. 그것은 바로 말에 '리듬감'이 들어 있다는 것이다. 마치 노래를 부르듯이 말에 리듬감을 넣어 말한다. 그들은 이 리듬감에 익숙해져 있다. 똑똑 부러지는 아나운서의 리듬감, 밝고 경쾌한 리포터의 리듬감, 열정적이면서도 빠른 쇼핑호스트의 리듬감, 대사 하나라도 틀리는 것 없이 정확하게 전달하려는 배우의 리듬감에 말이다.

하지만 우리의 말은 어떠한가? 앞에 나가서 발표만 하려고 하면 리듬감은 사라지고 평탄조로 무미건조하게 말하게 된다. 이제 우리도 '말 잘하는 사람의 목소리 리듬감'을 배워보자. 그럼 한결 세련되고 자신감 있게 말할 수 있을 것이다.

노래를 부르듯이 말에 리듬을 넣어보자

이 과장은 회사에서 발표할 중요한 프레젠테이션 작업을 3박 4일 동안 밤새도록 했다. 마침내 발표하는 날, 이 과정은 의미심장하게 '내가 그동안 이 프레젠테이션을 위해 열심히 준비했다!'라는 것을 강조해서 말하고 싶었지만 왠지 마음과 입이 따로 놀았다. 심지어 프레젠테이션이 끝난 후 사장님께 "이 과장, 이 프레젠테이션 자료 정말 직접 작성한 것이 맞아?"라는 이야기를 듣는 상황까지 벌어졌다.

왜! 도대체 왜! 내가 하는 이야기에 내 마음이 실리지 않는 것일까? 그것은 바로 '말에 리듬감'이 없기 때문이다.

흔히 앞에 나가 말을 할라치면 기어 들어가는 목소리에 리듬감이라고는 눈을 씻고 찾아보려야 볼 수 없는 무미건조한 톤으로만 말하는 사람이 있다. 이렇게 무미건조한 일자 톤으로 말하면 단어 하나하나에 생명력이 들어가지 않아 사람들은 지루함을 느끼게 된다. 말하는 나 자신도 재미없는 말을 어찌 상대방에게 재미있게 들으라고 하는 것인가?

이제 죽어 있는 말에 '리듬'이라는 인공호흡을 해보자. 말 안에 단어의 의미에 따라 리듬감을 넣으면 한 곡의 노래처럼 귀에 착 감기게 된다.

이제 전문가의 리듬감을 배워보자. 평탄조로 무미건조하게 말을 할 것이 아니라 "이 과장님의 말씀은 참 잘 들리면서도 강한 열정이 느껴져!"라는 말을 들을 수 있도록 생명력이 넘치는 리듬감을 넣어보자. 마치 노래를 부르듯이 말이다.

본격적인 연습에 들어가기 전 다음의 내용을 소리 내서 읽어보자. 평소 말하듯이 읽으면 된다.

날씨 정보입니다. 벌써 4주째 비 내리는 월요일 아침입니다.

이 비는 도대체 언제쯤 그칠까 궁금해하시는 분들이 많을 텐데요.

출근길에도 퇴근길에도 우산 잘 챙기시길 바랍니다.

소리 내서 읽어봤는가? 어땠는가? 보통의 리포터들처럼 리듬감을 넣어서 이야기했는가? 아니면 무미건조하게 일자 톤으로 이야기했는가?

만약에 학교를 다니던 시절 어쩔 수 없이 자리에서 일어나 책을 읽었을 때처럼 재미없게 무미건조한 일자 톤으로 읽었다면 나도 재미없고, 내 말을 들은 사람들도 역시 재미있었을 리 만무하다. 이 말에 리듬감을 심어넣어 강한 생명력을 불어넣어보자. 목소리가 잘 들리게 말하는 사람들은 이 말을 다음과 같이 노래 부르듯이 리듬을 넣어 말한다.

날씨/정보입니다. / 벌써/4주째/비/내리는/월요일/아침/입니다./
어/비는/도대체/언제쯤/그칠까/궁금해/하시는/분들이/많을/텐
데요./
출근/길에도/퇴근/길에도/우산/잘/챙기시길/바랍니다./

아직 일자 톤과 리듬 톤의 차이를 느끼지 못하셨는가? 말에 리듬을 넣으면 말이 굉장히 열정적으로 변하게 된다. 또한 말에 강약이 생기면서 잘 들리게 된다.

아나운서의 말이 신뢰감 있게 들렸던 이유, 리포터의 말이 경쾌하게 들렸던 이유, 그리고 어떤 사람이 내 귀에 잘 들리게 말했던 이유, 그것은 바로 리듬 스피치를 했느냐, 그렇지 않느냐의 차이였다. 우리도 말에 리듬감을 넣어보자. 생명력 넘치게 말이다.

리듬 스피치를 하기 위한 SAS 법칙

말의 생명력을 넣을 수 있는 리듬 스피치를 하기 위해서는 2가지 전제조건이 반드시 필요하다. 첫째는 무미건조한 말은 절대 하지 않겠다는 열정이 필요하고, 둘째는 리듬을 위로 끌어올릴 수 있는

호흡, 즉 말의 체력이 필요하다.

리듬 스피치는 산의 모습을 하고 있다. 문장에서 중요한 역할을 하는 핵심 단어는 강하게 말해야 한다. 리듬 스피치를 어렵게 생각하지 마시라. 사실 우리는 말에 리듬을 넣으며 이야기하고 있다. 친구들과 대화를 나눌 때나 술이 한잔 들어가서 큰 소리로 외칠 때를 보면 말 안에 리듬이 다 들어가 있다. 하지만 갑자기 앞에 나가 발표만 하려고 하면 떨려서 그냥 단조로운 스피치를 하게 된다. 앞에 나가서도 자신감 있게 리듬을 넣어보자. 리듬을 넣을 수 있는 강력한 호흡으로 말이다.

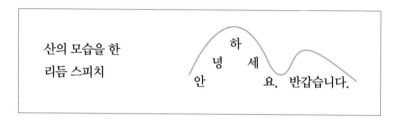

리듬을 주면서 이야기해보자. 말속에 리듬이 잘 들어가지 않을 경우에는 상대방을 향해 진심으로 스피치를 한다고 생각해보자. "안녕하세요!"라는 말을 할 때 진심으로 반갑게 인사할 때의 표정을 지어보자.

목소리에 리듬을 형성하는 것은 어조다. 어조는 '말의 가락'을 말한다. 어조는 말투 또는 억양으로 표현할 수 있는데, 억양은 문자에 얹히는 높이 곡선으로 문장 전체 또는 일부분에 가락을 얹혀서 특정한 의미를 전달하는 것을 말한다. 어조 자체가 일자 톤으로 나와 지루하거나 툭툭 던지듯이 말을 하게 되면 상대방에게 호감을 줄 수 없다.

이제 말의 내용에 따라 살아 있는 리듬감을 넣어보자. 한마디로 정리하자면 리듬 스피치는 낱말 본연의 의미를 최대한 살려서 말해주자는 것이다. 어찌 날씨라는 말과 정보라는 말의 느낌이 같을 수 있겠는가?

아주 중요한 프레젠테이션인데, 다음 원고를 그냥 쭉 아무 느낌도 없이 일자로 읽는다고 생각해보자.

지금부터 발표를 시작하겠습니다. 첨단의료복합단지의 사업 분석 발표입니다.

십중팔구 지루하기 짝이 없을 것이다. 다시 문장에 리듬을 넣어 읽어보자.

지금부터 발표를 시작하겠습니다. 첨단의료복합단지의 사업 분석 발표입니다.

이렇게 리듬 스피치를 하기 위해서는 S-A-S, 즉 사스 법칙을 기억해야 한다.

S_쪼개자(Segmentation)

처음 KBS 리포터로 방송에 입문할 때 "네 말투는 너무 촌스러워. 방송하는 사람 같지 않아"라는 말을 많이 들었다. 그것은 목소리 안에 전문 방송인의 리듬이 들어가 있지 않아서였다. 그래서 선배들의 말을 따라하며 전문 방송인의 리듬감을 닮아가려고 노력했다. 근데 참 신기한 것이 선배님들은 항상 말을 할 때 문장 안의 단어가 하나하나 다 들릴 수 있도록 끊어주면서 말을 한다는 생각이 들었다.

예를 들어 "아프가니스탄 탈레반에 한국인 인질 억류 사태 해결을 위해"라는 말을 할 때 쭉 말하는 것이 아니라 "아프가니스탄 / 탈레반에 / 한국인 / 인질 / 억류 / 사태 / 해결을 위해", 이렇게 조금씩 끊어 읽고 있었다.

말을 할 때 중간에 끊지 않고 물 흐르듯이 말을 하면 상대방은 맨 처음 말했던 단어도 다 이해하기 전에 그다음 단어를 듣게 되니 '도대체 무슨 말을 하는 거야?'라는 생각이 들 수 있다. 하지만 이렇게 단어와 단어 사이를 조금씩 끊어서 말을 하게 되면 잠깐의 쉼(pause), 즉 말을 이해할 수 있는 찰나의 시간이 생겨 전달력이 더 좋아지는 것이다.

리듬 스피치의 첫째 방법은 바로 '쪼개기'다. 단어와 단어를 모두 쪼개보자. 더욱 잘 들리게끔 쪼개보자.

기형아/유발/우려가/있는/약물을/복용한/사람이/헌혈을/하고/
어들이/헌혈한/혈액이/가임/여성을/포함한/수/백명에게/수혈
/되는 사고가/또/다시/발생/했다는/주장이/제기/됐습니다.

이렇게 잘게 단어를 쪼개보자. 여기서 굳이 '수백 명'까지 쪼개는 것은 '백 명'이라는 단어가 들리게 하기 위해서다. 그냥 '수백 명'을 대충 읽어버리면 '백'이라는 단어가 잘 들리지 않는다. '발생했다'도 마찬가지다. '발생했다는'을 그냥 빨리 읽어버리면 말의 느낌 자체가 대충 얼버무린다는 느낌을 줄 수 있다. '발생'과 '했다는'으로 쪼개서 읽어야 더 명확해진다.

A_악센트를 주자(Accent)

리듬 스피치의 둘째 방법은 '악센트를 주는 것'이다. 먼저 단어 첫 음절에 악센트를 주자. 쪼갠 단어의 첫음절에 악센트를 주면 발음이 명료하게 잘 들리게 된다. 더군다나 첫음절에 악센트를 주다 보면 자연스럽게 단어에 대한 이해도도 올라간다.

예를 들어 '사무실'이라는 단어를 말할 때 첫음절 '사'를 악센트

없이 작게 말하면 말 전체가 두루뭉술해진다. 하지만 단어의 첫음절인 '사'에 악센트를 주면 사람들은 '사'라는 단어를 강하게 듣는 순간 그다음 단어를 자연스럽게 연상하면서 듣기 때문에 더욱 말의 이해도가 높아지게 되는 것이다.

다음은 문장에서 중요한 역할을 하는 단어에 악센트를 주는 것이다. 문장의 중심단어, 수식단어(형용사·부사), 숫자는 강하게 읽어준다. 또한 이해하기 어려운 단어에도 악센트를 넣어 전달력을 높여준다.

다음의 문장들을 악센트를 넣어 리듬을 타면서 말해보자.

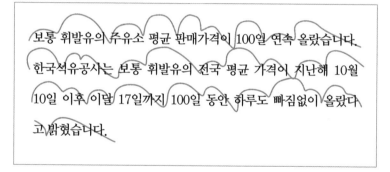

이 문장들에서는 중요한 역할을 하는 단어인 '휘발유, 평균, 판매, 올랐습니다, 한국석유공사, 빠짐없이, 올랐다고'와 숫자인 '100일, 10월 10일, 17일까지, 100일 동안', 그리고 어려운 단어인 '한국석유공사'에 악센트를 넣으면 된다.

S_노래 부르듯이 리듬을 타며 부드럽게 뱉어주자(Sing a song)

말에 리듬을 넣는 마지막 방법은 바로 '노래 부르듯이 말하기'다. 발성학자들은 가장 좋은 목소리를 '동그란 목소리'라고 말한다. 단어 자체가 동그랗게 표현되는 목소리를 말하는 것이다. 이런 동그라미가 모여 하나의 리듬을 형성하는 것이 '리듬 스피치'인데, 동그라미를 그려줄 때 노래 부르듯이 부드럽게 호흡을 이어주는 것이다.

다음의 문장들을 노래를 부르듯이, 파도를 타듯이 호흡을 이어주면서 말해보자.

> 안녕하세요. 쇼핑호스트 ○○○입니다.
> 시작하기 전에 재미있는 정보 하나 알려드릴게요.
> 사람의 눈 시력이 2.0이 왜 한계인 줄 아세요?
> 사람의 눈 시력이 2.0이 넘으면 공기 중에 떠다니는 미생물도
> 눈에 보여서 생활하는 데 많은 어려움을 겪을 수 있다고 하네요.
> 하지만 내가 어떤 물건을 고를 때 꼼꼼히 따져보는 눈 시력은
> 당연히 2.0이 넘어야겠죠? 자, 시력 2.0을 만족시켜 줄 수 있는
> 에어컨을 소개해드리겠습니다.
> 시원한 에어컨으로 더위를 한방에 날려버리자고요.
> 지금부터 출발합니다.

단어가 동그랗게 표현되는가? 이상하고 어색한 느낌이 들지는 않는가? 그런데 하나도 어색할 필요 없다. 왜냐하면 리듬 스피치는 새로 만들어낸 이론이 아니기 때문이다. 사실 우리는 편한 친구를 만나 이야기할 때는 모두 다 말에 리듬감을 넣어 말한다. 생각해보자. 친구랑 "야! 너 그동안 어떻게 지냈냐? 그동안 소식도 없고 왜 연락이 없었던 거야?"라는 말을 그냥 무미건조하게 일자 톤으로 말하는 사람은 없지 않은가?

그렇다. 평상시 말할 때는 누구나 말에 리듬감을 넣는다. 하지만 앞에 나와 발표하려면 말에 리듬감이 없어진다. 이렇게 일 대 일로 만나 대화를 나누는 '맨투맨 스피치'에는 말의 리듬감이 있는데, 앞에 나가 발표하는 '퍼블릭 스피치'만 하려고 하면 리듬감이 없어진다. 자, 사람들과 편안하게 말할 때의 리듬감을 퍼블릭 스피치에도 적용시켜보자. 그럼 한결 편안하고 신뢰감 있는 목소리가 나올 수 있을 것이다.

혹 리듬 스피치가 너무 어렵게 느껴질지도 모르겠다. 너무 어렵게 느껴진다면 팁을 한 가지 드리겠다. 말과 제스처는 짝꿍이다. 제스처로 동그라미를 그려주면 여기에 맞춰 발음도 동그랗게 표현될 것이다. 어떤가? 힘든가? 당연히 처음에는 어색하고 이상할 것이다. 하지만 연습하면 그 리듬감이 자연스러워진다. 조금만 더 힘을 내 열심히 연습해보자.

리듬 스피치를 하면 좋은 점

리듬 스피치를 하면 좋은 점을 크게 4가지로 정리할 수 있다.

우선 첫째로 말의 '전달력'이 좋아진다. 첫음절에 악센트를 주면 사람들은 자연스럽게 단어를 연상하기 때문에 더욱 이해가 쉬워지는 것이다. 예를 들어 '여행'이라는 말을 할 때 뒤에 있는 '행'보다 앞에 있는 '여'에 악센트를 줘 강하게 표현하면, 사람들은 '여'라는 말을 듣고 '행'이 이어지는 순간에 먼저 이 말에 대한 속뜻을 생각한다. 그러므로 이 단어에 대해 생각할 수 있는 시간이 더욱 길어져 전달력이 좋아지게 된다.

또한 단어와 단어가 서로 맞물리지 않아 중간에 단어가 서로 엉키지 않는다. 예를 들어 노래를 부르다 가사를 몰라 틀리는 경우는 있지만 서로 음이 엉켜 틀리는 경우는 거의 없다. 말을 더듬는 사람들도 노래를 부를 때는 말을 더듬지 않는다. 붙어 있는 단어에 리듬감이 있어 서로 겹쳐지지 않고, 높낮이가 달라 틀리지 않고 말할 수 있는 것이다.

게다가 단어와 단어 사이에 짤막한 휴식, 즉 포즈가 생겨 더욱 전달력이 좋아진다. 만약 서울에서 부산까지 고속도로를 타고 내려간다고 생각하자. 중간에 최소 2번 정도는 휴게소에 들러 맛있는 우동도 먹고 스트레칭도 해줘야 별 탈 없이 내려갈 수 있을 것이다. 우리말에도 고속도로 휴게소에 해당하는 쉼이 필요하다. 내가 아는 내용이라고 해서 무작정 급하게 뱉어버리면 안 된다. 사람들이 내 말의 뜻에 대해 생각할 수 있는 쉼을 줘야 한다. 리듬 스피치를 하게 되면 말이 내려갔다가 다시 올라가는 사이 잠깐의 쉼이 생기기 때문에 사람들이 내용에 대해 정리할 수 있는 시간을 줄 수 있다.

둘째, 말에 '생명력'을 불어넣을 수 있다. 그냥 무미건조하게 일자 톤으로 말하는 것이 아니라 파도와 같은 리듬을 넣기 때문에 더욱 열정적이고 경쾌하게 들린다. 마치 한 곡의 노래를 듣는 것처럼 말이다.

항상 무미건조하게 말을 하는 사람이 있다. 좋다는 건지 싫다는 건지 그 사람의 말만 듣고서는 도통 알 수 없다. 앞에 나가 열정적으로 말하는 사람들을 보며 '어쩜 저 사람은 청산유수처럼 말을 잘하나?' 하고 부러워하면서도 '나도 저렇게 해봐야겠다!' 하며 실천하는 사람은 많지 않다. 리듬 스피치는 말의 가락, 즉 어조에 강한 생명력을 불어넣어주는 것이다. 살아 숨 쉬는 역동적인 스피치를 해보자.

셋째, 말의 '호흡력'을 키울 수 있다. 방송인과 연기자들이 리듬 스피치를 하는 이유는 무엇보다도 전달력을 높이기 위해서이지만 호흡을 아낄 수 있다는 강점도 한몫한다. 말을 할 때 발음을 정확하게 한다고 "안녕하세요"라는 말을 한 글자씩 힘줘서 이야기하면 호흡이 한꺼번에 너무 많이 빠져나간다. 이렇게 30분 이상 이야기하게 되면 나중에는 기력이 딸리게 된다.

'일복'을 타고난 나는 하루 8시간에서 10시간 이상 강의를 하는 날이 많다. 그 덕에 잘 때는 항상 허리가 아파 똑바로 누워서 잘 수 없지만, 목소리만큼은 오히려 강의를 하면 할수록 깊어짐을 느낀다. 이것은 바로 리듬 스피치를 통해 에너지 사용을 최소화하기 때문이다. 강사들 가운데 목소리 톤이 높고 목으로만 이야기하는 사람들은 단어를 말하는 데 호흡이 많이 빠져나가 쉽게 지치는 경우가 많다.

마지막으로 편안한 톤을 가질 수 있다. 요즘 아나운서가 되기 위해 아나운서 아카데미를 다니는 친구들이 많다. 학생들이 아카데미에 들어가 맨 처음 하는 것이 바로 '어미 내리기'다. 어미는 말끝을 이야기한다. 어미가 내려가야 전체적으로 말의 전달력이 좋아지고 말이 굉장히 기품 있어진다. 어미를 내리게 되면 자연스레 동그란 목소리를 얻을 수 있기 때문이다.

사투리를 쓰는 분들은 어미가 위로 올라가는 경우가 많다. 예를 들어 "우리 오늘 뭐 먹으러 갈까?"라는 말을 할 때 서울말은 어미가 동그랗게 표현되지만 부산 사투리의 경우 "우리 어늘 므으 믁으러 갈까?" 하고 어미가 올라가게 된다. 어미를 동그랗게 내려주는 것만 해도 사투리 교정에 큰 도움이 된다. 사투리를 교정하고 싶은 분들은 동그란 리듬감을 이용해야 한다.

하지만 어미는 그냥 혼자 저절로 내려가지 않는다. 전체적인 톤이 내려가야 어미도 내려간다. 톤과 어미 내리기는 아나운서 아카데미에 들어가 몇 개월을 배워도 쉽게 만들어지지 않는다. 리듬 스피치를 하게 되면 전체적인 톤이 내려가게 된다.

우리는 앞에 나가 말을 할 때 톤을 너무 높게 올려 말하는 경향이 있다. 그런데 리듬 스피치를 하려면 일단 단어와 단어 사이에 높고 낮은 리듬감을 넣어야 하기 때문에 한없이 톤을 올려서 말을 할 수가 없다.

예를 들어 '헌혈 금지 약물'이라는 말을 할 때 '헌혈 금지 약물'이라고 단어 사이의 높고 낮음을 설정해줘야 하는데 '헌혈'을 너무 높게 말하면 '금지'라는 말을 할 때 더욱 톤이 올라가게 되므로 '금지'라는 말을 강조하기 위해서라도 앞에 있는 '헌혈'을 낮게 표현해야 한다. '헌혈'을 낮게 표현할수록, '금지'를 높게 표현할수록 내 말을 잘 들리게 되어 있다. 이러한 이유 때문에 리듬 스피치를 계속 연습하면 자연스럽게 전체적으로 안정되면서도 명료한 톤을 갖게 되는 것이다.

힘 있고 강한 목소리! 스타카토 리듬감을 넣어라

말 안에 신뢰감이 강하게 묻어나오는 사람들이 있다. 신뢰감을 주려면 어미를 절대 끌어서는 안 된다. 음악 시간에 배웠던 스타카토를 어미에 접목해보자. 딱딱 어미를 끊어주자. 말끝 어미를 늘리는 사람이 있다. "안녕하세요… 반가워요…" 하는 식으로 말끝을 흐리면 '이 사람은 왜 이렇게 자신감이 없어?'라는 생각이 든다. 어미를 흐리면 말 전체에 힘이 들어가지 않기 때문이다.

군인들의 걸음걸이를 봐라. 각이 잡힌 모습에서 어느 것 하나도 긴장감이 느껴지지 않는 부분이 없다. 말꼬리를 흐린다는 것은 말 전체에 힘이 실리지 않기 때문이다. 이 증상은 의도적으로 큰 목소리를 내게끔 하는 방법만으로도 고칠 수 있다. 말끝 어미를 늘리지 않고 다음처럼 스타카토로 힘 있게 마무리를 해준다.

자,/지금부터/프레젠/테이션을/시작/하도록/하겠습니다.

어린이 스피치를 지도하다 보면 부모와 아이의 말버릇이 굉장히 비슷하다는 것을 알 수 있다. 어머니가 아이의 스피치에 대해 상담을 하면서 "우리 아이가요, 말끝을 흐려요"라고 말할 때 어머니의 말이 명료한 경우는 별로 없다. 또 "우리 아이가요, 말할 때 입을 많이 벌리지 않아요"라고 말하는 어머니는 입을 크게 벌리지 않는다. 자, 이제 의식적으로 입 모양을 크게 벌려 리듬감을 타면서 이야기해보자.

표현력이 중요한 세상이 되었다. 표현력은 생각이나 느낌 따위를 언어나 몸짓의 형상으로 드러내어 나타내는 능력을 말한다. 똑같은 자식인데도 어머니가 정성껏 끓여주신 김치찌개를 먹으면서 다르게 표현한다. "엄마, 찌개 진짜 맛있다! 정말 짱이야!"라고 말하는 아이와 "그냥 괜찮네~"라고 말하는 아이, 어떤 아이의 말에 어머니는 큰 행복감을 느낄까?

어떤 사람의 목소리를 들어보면 무뚝뚝한 기운이 넘칠 때가 많다. 특히 전화상에서는 더 그렇다. 전화상에서 목소리의 중요성은

82%라고 한다. 전화를 할 때는 얼굴은 보지 못한 채 목소리에만 의존을 해야 하기 때문에 더욱 친절하고 상냥한 느낌을 줘야 한다. 하지만 어떤가? 전화상 너무 사무적인 목소리, 무뚝뚝한 목소리 등 아무 리듬감도 없는 무미건조한 목소리는 사람들의 호감을 얻을 수 없다. 자, 이제 단어와 문장 안에 리듬감을 넣어 표현해보자.

동영상으로 공부하며 말에 생명력을 불어넣자!
임유정TV '전달력을 높이는 리듬 스피치'

전달력을 높이는 리듬 스피치 실전 연습

내가 지금 읽고, 말하는 내용에 '느낌'을 얼마나 표현하느냐가 말의 생명력을 좌우한다. 하지만 대부분 사람들은 말에 느낌을 넣지 않는다. 아주 무미건조하면서도 지루한 일자 톤으로 그냥 억지로 내뱉듯이 말을 하는 경우가 많다.

이제 말에 느낌을 넣어 표현해보자. 느낌을 살려 리드미컬하게 말해보자. 그럼 한결 더 전달력 있는 목소리를 가질 수 있을 것이다. 리듬 스피치의 SAS 법칙을 기억하자. Segmentation(쪼개자), Accent(첫음절에 악센트를 주자), Sing a song(노래 부르듯이 말하자), 이 SAS 법칙을 기억해 리드미컬하게 아래 뉴스를 읽어내려가 보자.

내년부터 휴일 경부고속도로의 버스전용차로제가 2시간 앞당겨진 오전 7시부터 운영됩니다. 경찰청은 10일 '고속도로 버스전용차로제시행고시 개정안'을 행정안전부 전자관보에 게재했습니다. 개정안에 따르면 토요일이나 공휴일에 오전 9시부터 오후 9시까지 12시간 적용해온 경부고속도로 버스전용차로제의 운영 시간을 오전 7시부터 오후 9시까지 14시간으로 늘립니다. 휴일 오전 7시부터 버스전용차로제를 적용한 모의실험을 해보니 전용차로 통행 속도가 올라가면서도 일반차로에는 악영향이 거의 없었다고 경찰이 전했습니다.

일단 먼저 쪼개보자.

내년부터/휴일/경부/고속도로의/버스/전용/차로제가/2시간/앞당겨진/오전/7시부터/운영됩니다.
경찰청은/10일/고속도로/버스/전용/차로제/시행고시/개정안을/행정/안전부/전자/관보에/게재했습니다.
개정안에/따르면/토요일이나/공휴일에/오전/9시부터/오후/9시까지/12시간/적용해온/경부/고속도로의/버스/전용/차로제의/운영시간을/오전/7시부터/오후/9시까지/14시간으로/늘립니다.

170

휴일 오전/7시부터/버스/전용/차로제를/적용한/모의/실험을 해보니/ 전용차로/통행/속도가/올라가면서도/일반/차로에는/악영향이/거의/ 없었다고/경찰이 전했습니다.

어디를 어떻게 쪼개는지는 고민하지 않아도 된다. 그냥 물 흐르 듯이 줄줄 말하는 것이 아니라 단어 하나하나의 의미 전달을 위해 쪼갠 것이니 '난 이렇게 쪼개야지!' 하고 여러분의 호흡에 맞춰 쪼 개도 상관없다.

그다음은 바로 악센트 주기다. 단어의 첫음절에 그리고 문장에 서 중요한 의미를 갖는 단어, 또는 이해하기 어려운 단어, 숫자, 이 름, 명사, 형용사, 부사는 더 강조해서 읽어주자. 예를 들어 '예쁜 사과'라는 단어에서 중요하게 읽어줘야 하는 것은 뭘까? 바로 '예 쁜'이라는 형용사다. 위의 예시문 가운데 꼭 의미를 전달해야 하는 단어와 숫자에 악센트를 줘보자.

다음은 노래 부르듯이 말하는 것이다. 노래를 부르는 것처럼 리 듬감 있게 말을 해보자. 이 리듬감의 기본은 '동그란 목소리'라는 것을 잊지 말자. 소리가 나갔다가 다시 어미에서 들어오는 방식을 취해야 한다. '내년부터(위로 올라가는 모습)'가 아니라 '내년부터(어 미가 아래로 내려와야 한다)'다.

171

자기경청으로
내 목소리를 들어라

'내 귀의 허락 없이는 한마디의 말도 뱉지 않는다'라는 말을 기억하자.
무심코 말을 뱉어내지 말고 자가 필터링을 통해 상대방과 소통하자.

스피치 교육을 하던 중 어느 분이 내게 "강사님, 스피치에도 스피치를 잘할 수 있는 비밀이 있습니까?"라고 질문을 던졌다. 난 주저 없이 "비밀이요? 당연히 있지요. 그것은 바로 '내 목소리 듣기'입니다"라고 대답했다.

우리는 스피치를 할 때 다른 사람의 말을 듣는 경청이 중요하다고 배웠다. 하지만 다른 사람의 말을 듣는 것보다 더 중요한 것이 있다. 바로 '내 목소리 듣기', 즉 자기경청이다.

먼저 자기의 목소리를 들어야 한다. 내가 과연 어떤 목소리로 상

그림 11-1 | 자기경청. 내가 과연 어떤 목소리로 상대방과 소통하고 있는지, 내 말에 어떤 오해를 불러일으킬 만한 요소가 있는지 없는지 내 목소리를 직접 들어봐야 한다.

대방과 소통하고 있는지, 내 말에 어떤 오해를 불러일으킬 만한 요소가 있는지 내 목소리를 직접 들어봐야 한다.

난 엄마를 부를 때 나만의 애칭을 갖고 있다. 그것은 바로 '아줌마'다. 오해하지 마시라. 사랑과 애교를 듬뿍 넣은 '아줌마!'니까. 하지만 "아줌마, 식사는 하셨어?"라고 말하면 나의 의도와는 달리 엄마는 이 말을 정말 싫어하신다. "야, 내가 왜 네 아줌마냐! 한 번만 더 아줌마라고 부르면 화낼 거야!" 하며 화내시는 모습이 나는 이해가 되지 않았다. 왜 나의 유머를 순수하게 받아들이지 않으시는지 말이다.

그래서 난 내가 우리 엄마를 아줌마라고 부를 때의 목소리를 들어보기로 했다. 근데 이게 웬일인가? 내가 아줌마라고 부르는 목소리에는 애교는커녕 '왜 전화했어. 나 바쁘니까 빨리 끊어. 귀찮게 왜 전화야' 이런 느낌의 뉘앙스가 가득한 것이 아닌가?

아침에 일어나 저녁 잠자리에 들기까지 우리는 많은 말들을 쏟아낸다. 그 말 가운데 대부분은 별로 신경 쓰지 않고 내뱉는 습관적인 말들이 대부분이다. "너는 왜 생각 없이 이야기하니? 생각하고 좀 말해라", "너는 왜 나한테 상처 주는 말만 골라서 하니?"라는 말을 주변에서 자주 듣는 사람이라면 반드시 '자기경청' 훈련을 해야만 한다.

하지만 대부분 사람들은 자기 말을 잘 듣지 않는다. 아니 들을 필요성을 느끼지 못한다. 그래서 자신도 이해할 수 없는 말들을 상대방에게 쏟아낸다.

이제부터라도 자기경청을 시도해보자. 자기경청은 내 목소리를 녹음해서 듣는 것이 아니라 말을 하면서 라이브 생중계로 내 목소리를 들어보는 것이다. 한번 해보자. 옆에 있는 사람들에게 말을 걸어보자. 말을 하면서 내 목소리를 들어보자. 어떤가? 잘 되는가? 생각만큼 쉽지 않을 것이다.

내 뇌에서 생각을 해 입으로 나오는 내 목소리가 왜 내게는 잘 들리지 않는 것일까? 자기경청은 쉬울 것 같지만 참 어렵다. 자기경청은 좋은 스피치와 좋은 목소리의 기본이다. 자기경청 훈련을 통해 내 목소리 듣기에 도전해보자.

자기경청은 좋은 목소리의 기본이다

라온제나의 첫 수업은 '자신의 목소리 듣기'에서부터 시작한다. 대부분은 "왜 다른 사람들이 내 말에 집중하지 않는지 모르겠다"라는 말을 많이 한다. 그럼 난 왜 그런지 말로 이유를 설명하기 전에 본인이 어떻게 이야기하고 있는지 캠코더로 직접 찍어 보여준다.

자신이 어떻게 말하고 있는지 처음 들어본 사람들은 "아니 제 발음이 저렇게 부정확했나요?", "제 목소리가 이토록 작은지 몰랐어요"라고 말한다. 자신의 입에서 나온 목소리지만 자신의 목소리를 들어본 적이 없기 때문에 사람들은 처음에 굉장히 황당해한다.

자기경청을 통해 자신의 목소리를 들으면 4가지 변화가 뒤따른다. 첫째, 발음이 명료해진다. 자기경청을 통해 '화자＝청자'의 경험을 하게 되어 화자의 입장이 아닌 청자의 입장에서 내 말을 듣기 때문이다. 만약 내가 말을 하면서 발음을 정확하게 내지 않는다는 사실을 청자가 되어서 경험하게 된다면 '아, 이래서 사람들이 내 말을 알아듣지 못했던 거구나'라고 깨닫는 것이다. 그러면 상대방과 이야기할 때 발음을 더욱 명료하게 하고자 노력하게 된다.

둘째, 발성이 좋아진다. 만약 내 소리가 지나치게 작아 본인 귀에조차도 들리지 않는다면 상대방이 더 잘 들을 수 있도록 크게 소리를 내려고 노력할 것이다. 대화를 나누다 보면 상대방의 말이 잘 들리지 않아 나도 모르게 몸을 앞쪽으로 잔뜩 기울여 이야기할 때

175

가 있다. 상대방이 편하게 대화를 나눌 수 있도록 자기경청을 통해 배려하자.

셋째, 자기경청을 하게 되면 대화를 나누는 상대방과 호흡을 맞출 수 있다. 대화를 나누거나 강의를 할 때 보면 혼자서 막 달려가는 사람들이 있다. 상대방은 들었는지 말았는지 상관도 하지 않은 채 자신의 말만 뱉어내기에 급급한 사람들이 많다. 난 좋은 목소리는 화자와 청자의 호흡이 맞는 '호흡 맞춤 보이스'라고 생각한다. 상대방의 말이 느리다면 나도 좀 느리게 하고, 상대방이 기분이 좋아 한 톤 높게 이야기를 한다면 그 사람에 맞춰 톤을 높여 이야기하는 것도 좋다. 나 중심이 아닌 상대방의 눈높이에 목소리를 맞추자.

마지막으로 자기경청은 진심으로 상대방과 소통할 수 있게 해준다. 왜냐하면 여기서 내 목소리를 듣는다는 것은 비단 발음과 발성만을 듣는다는 뜻이 아니다. 내 말의 뉘앙스를 듣는 것이기도 하다. 즉 내가 말을 할 때 어떤 의미와 어떤 느낌으로 상대방에게 이야기하는지 들어보는 것을 의미하기도 한다.

자기경청을 하기 위한 방법: SLRF 법칙

자신이 어떤 말을 하는지 모르는 사람들이 많다. 예전 40, 50대 공무원분들을 대상으로 강의를 했을 때의 일이다. 가장 상처받았던 말은?'이란 주제로 스피치를 했었는데 어떤 분이 자신의 경험을 말씀하셨다.

"어느 날 상사가 저한테 그랬죠. '네가 잘하는 게 뭐 있냐?' 저는 크게 상처를 받았죠. 하지만 상사는 제게 그런 말을 했는지 기억도 못하더라고요."

남에게 상처를 준 말은 부메랑이 되어 다시 나에게 돌아온다. 내가 상대방에게 상처를 준 말을 다시 내 귀로 듣는다면 '내가 어떻게 이런 말을 할 수 있지?' 하고 스스로 반성하게 되고, 다시는 그런 실수를 하지 않게 될 것이다.

사람은 실수할 수 있다. 상대방에게 의도하지 않게 상처를 줄 수 있다. 하지만 그것이 어떤 깊이의 상처이고, 아물 수 있는 상처인지, 또한 아물 수 있게 연고를 발라줬는지 자신에게 물어야 한다. 즉 자가 필터링으로 목소리를 순화해야 하는 것이다. 이것이 바로 자기경청이다. 그렇다면 자기경청을 하기 위해서는 어떻게 해야 할까?

자기경청을 한다는 것은 '자기의 말을 스스로 듣는 것'을 말한다. 내 발음이 얼마나 정확한지, 내 발성(목소리의 크기와 울림)이 적당한지, 내 말의 속도가 너무 빠르거나 느린 것은 아닌지, 그리고 내 말의 뉘앙스에 오해의 소지가 있는지 없는지, 과연 진심인지 하는 것을 듣는 것을 말한다. 이러한 자기경청을 하기 위해서는 SLRF 법칙을 기억해야 한다. SLRF 법칙의 S는 말하기(Speaking), L은 듣기

(Listening), R은 인정하기(Recognition), F는 강화하기(Finding)를 말한다.

내 목소리를 내자(Self-voice Speaking)

자신의 목소리를 감추는 사람들이 많다. "원래부터 말을 잘 안 해요. 굳이 말을 해야 하나요? 저는 듣는 것이 더 좋습니다." 물론 과유불급, 너무 지나치면 모자라는 것보다 못하다. 하지만 대부분의 소통을 말로 하고 있는 우리들에게 어느 정도의 말은 필요하지 않을까? 내가 만약 회사의 사활이 걸린 중요한 발표를 한다면, 내 인생을 좌우할 수 있는 면접을 앞두고 있다면 이때도 말을 하지 않을 수 있을까? 결정적인 순간에 '기회'를 잡기 위해 스피치는 필요하다.

평상시에 내 목소리를 내보자. 꾸준한 발음과 발성 연습을 통해 계속해서 내 목소리를 밖으로 꺼내보자. 자신의 목소리는 한순간에 들리지 않는다. 많은 사람이 자신이 내는 목소리니까 금방 들릴 거라고 생각하지만 마음과 호흡과 목소리는 끈 하나로 이어져 있기 때문에 마음이 가라앉아 호흡이 편안해지지 않으면 자신의 목소리를 들을 수 없다.

조용한 곳에서 천천히 내 목소리에 집중해보자. "아~"라고 소리를 내도 좋다. 산에 올라가 외치는 "야호~"를 불러도 좋다. 제발 귀를 닫지 말자. 사람들은 자신의 목소리가 듣기 싫어 일부러 귀를 닫은 채 살아간다. 이제 귀를 열어 내 목소리를 순수하게 들어보

자. 그럼 여러분의 목소리가 차츰차츰 들리는 것을 경험하게 될 것이다.

일단 내 목소리와 친해져야 한다. 목소리 훈련은 운전과 비슷한 점이 많다. 운전이라는 기술을 배워야 도로 위에서 안전하게 차를 몰 수 있듯이 목소리도 내 성대를 사용하는 기술을 익히고 배워야 공식석상에서 자신감 있게 이야기를 할 수 있다.

운전을 잘하려면 일단 액셀과 브레이크 사용법부터 배워야 한다. 어디를 밟으면 차가 나가고 멈추는지 알아야 한다. 처음 운전을 배울 때는 이 기본적인 것조차 어렵지만 조금만 연습하면 본능적으로 액셀과 브레이크를 구분할 수 있는 것처럼, 목소리도 자기 몸의 어느 부분을 눌러야 좋은 소리가 나오고 어떻게 해야 소리를 제어할 수 있는지, 자기 몸을 이용한 목소리 사용법을 기본적으로 연습하면 저절로 어떤 상황에서든 자신의 목소리가 나온다. 자, 이제 자신의 목소리를 내보자.

아쉽게도 대부분 사람들은 자신의 목소리를 낼 줄 모른다. 자신이 없다. '사람들이 나를 이상한 사람으로 보지 않을까?' 하는 걱정이 앞서기 때문이다. 쇼핑호스트 시절 방송을 하러 가기 위해서는 신호등을 2개 건너야 했다. 항상 나는 그곳에서 혼자 구시렁거리며 소리 내는 연습을 했었다. 지나가는 사람들이 "뭐야? 왜 혼자 이야기하고 있어?" 하고 소근거려도 말이다. 그런데 그 모습을 본 코디와 스태프들은 참 열심히 한다는 생각을 했다고 한다. 이제 다른 사람의 시선은 신경 쓰지 말고 내 목소리를 내고 듣고 강화하는 것에 초점을 맞춰보자.

내 목소리를 듣자(Self-voice Listening)

이제 내 목소리를 들어보자. 내 목소리를 들으려면 모니터를 해봐야 한다. 녹음해서 들어봐도 좋다. 하지만 가장 좋은 것은 말을 하면서 생방송(live)으로 내 말을 내 귀로 들어보는 것이다. 즉 '화자＝청자'가 되는 경험을 해보는 것이다. '화자＝청자'의 경험을 하게 되면 말을 하면서도 내 말을 듣는 청자의 입장을 헤아릴 수 있다.

말을 하면서 내 말을 내 귀로 들어보자. 발음이 정확하게 들리는지, 발성은 큰지, 너무 급하게 말하고 있지는 않은지, 지나치게 어려운 어휘를 사용하고 있지는 않은지, 과연 진심이 담긴 따뜻한 말을 하고 있는지 '자가 모니터링'을 해보자.

지금 내 옆에 있는 사람에게 말을 걸어보자. 그리고는 내 목소리를 내 귀로 들어보자. 어떤가? 내 목소리가 잘 들리는가? 평소 사람들에게 내 말이 잘 들리게끔 천천히 의미 있고 신중하게 말을 뱉는 사람이라면 자신의 말이 잘 들릴 것이다. 하지만 내 입에서 나오는 말에 별 신경 쓰지 않고 가볍게 툭툭 내뱉었던 사람이라면 자신의 말이 들리지 않을 것이다. 들을 여유도 없이 그냥 허공 속에 사라지기 때문이다.

우리 사회 여기저기서 '소통'을 하자고 난리다. 소통은 '이심전심

(以心傳心)'을 말한다. 내 마음과 네 마음이 통하는 것이 바로 소통이다. 소통 스피치를 하기 위해서는 자신이 상대방에게 어떻게 말하고 있는지 스스로 모니터해보는 '자기경청'이 반드시 필요하다.

자기경청을 위해 명심해야 할 14가지

1. 자기경청은 내 마음에 여유와 행복이 있어야 할 수 있다. 기분 좋은 날에 먼저 시도해보자.
2. 목소리가 들리지 않는다는 것은 내 마음이 편치 않다는 것이다. 호흡을 내려 마음을 차분히 먹자.
3. 아침에 일어나 첫마디부터 들어보자. 물론 잊어버렸다고 해서 자신을 자책할 필요는 없다.
4. 내가 말할 때 발음이 정확히 전달되는지 들어보자(천천히 말해야 한다).
5. 소리가 잘 들리게끔 힘을 넣어 이야기했는가?
6. 말의 속도가 너무 빠르지는 않은가?
7. 너무 어려운 어휘를 사용하고 있지는 않은가?
8. 상대방을 무시하는 말의 느낌이 있지는 않은가?
9. 상대방과 호흡을 맞추고 있는가?
10. 말끝을 흐리지 않고 있는가?
11. 너무 자신감 없이 이야기하고 있지는 않은가?
12. 무심코 그냥 아무 말이나 뱉고 있지는 않은가?
13. 나도 내 말을 이해할 수 없을 정도로 정신이 혼미하지는 않은가?
14. 상대방을 향해 따뜻하게 이야기하고 있는가?

내 목소리 인정하기(Self-voice Recognition)

자신의 목소리를 처음 만났을 때 사람들의 반응은 '이상하다'다. "내 목소리 같지 않고 다른 사람 목소리 같다"라는 반응이 압도적으로 많다. '이렇게 목소리가 작았나?', '이렇게 발음이 부정확했나?', '이렇게 툭툭 내뱉었나?' 등의 반응을 보인다.

자신의 목소리를 인정하자. 인정하고 비워야 채울 수 있다. 또한 지금의 내 목소리를 사랑하자. 어차피 지금의 내 목소리는 내 과거의 모습을 담고 있다. 과거를 사랑하지 않고 후회하면 절대 앞으로 나갈 수 없다.

자기경청을 하면 대부분 사람들은 2가지 반응을 보인다. 첫째는 자기의 목소리가 들리지 않는다는 것이고, 둘째는 자기의 목소리가 너무나 이상하게 들린다는 것이다. 둘 다 맞다. 처음부터 자신의 목소리가 잘 들릴 수는 없는 법이다. '이건 내 목소리 같지 않다'라는 생각에서 오는 자기방어일 수도 있고, 이 상황이 어색하고 불안하기 때문에 마음이 편안하지 않아서 오는 혼란일 수도 있다. 또한 소리가 너무 울려 머리가 멍한 느낌이 들기 때문일 수도 있다.

하지만 계속해서 소리를 내 자신의 목소리를 들어보자. 내 목소리와 자꾸 친해져야 한다. 내 목소리를 객관적으로 들을 수 있어야 지금의 내 모습을 인정하고 변화할 수 있다. 하루를 마무리하는 저녁에 조용히 앉거나 서서 내 목소리를 들어보자. 이것이 바로 시작이다.

나에 대해 잘 알아야 자신을 갖고 이 세상을 살아갈 수 있듯이 지금의 내 목소리를 인정하고 이해해야 공명을 낼 수 있다. 작고, 떨리고, 얇고, 힘없는 내 목소리를 인정하자. 만약 생각보다 좋은 소리가 나온다면 크게 칭찬해주자. 그동안 잘 표현하지도 못하고 관심 가져주지도 않았던 목소리에 애정을 표현해보자.

자신의 목소리가 좋든 싫든 그건 내 히스토리다. 내 과거를 절대 미워하거나 지우려 하지 말자. 인정할 것은 인정하고, 부족한 점은 이제 채우면 되지 않을까?

내 목소리 강화하기(Self-voice Finding)

실전 훈련을 통해 목소리를 강화시켜야 한다. 말을 업으로 삼는 사람들은 자신만의 목소리 강화법을 가지고 있다. 나 역시도 방송생활을 10년 가까이 하면서 하루 1시간씩 발음과 발성 연습을 통해 목소리를 강화해왔다. 폴란드 출신 피아니스트 루빈슈타인(A. G. Rubinstein)은 92살까지도 연주를 했다고 한다. 어떻게 세계 정상이 되었느냐는 기자의 물음에 "하루를 연습하지 않으면 자기가 알고, 이틀을 연습하지 않으면 친구가 알고, 사흘을 연습하지 않으면 관객이 압니다"라고 대답했다.

목소리는 자신감에서 나온다. 자신감이 있으면 좋은 목소리가 나올 수밖에 없다. 또 자신감은 '스스로를 믿는 마음'에서 나온다. 중요한 발표를 앞두고 콘텐츠 준비와 함께 목소리에 대한 훈련을 하루도 빠지지 않고 한다면 어찌 자신감이 생기지 않겠는가? 경험 만큼 좋은 스승은 없다. 아나운서와 쇼핑호스트 등 방송인들이 말을 잘할 수밖에 없는 이유는 말을 잘하지 않고는 살아남을 수 없는 절박한 헝그리 정신과 매일 말을 해야 하는 환경에 노출되어 있기 때문이다.

　매일 회사에서 한마디도 하지 않다가 갑자기 말을 하려고 하니 그게 잘 되겠는가? 중요한 발표를 앞두고 있다면 평상시에 조금이라도 시간을 내서 목소리 강화 훈련을 해보자. 그럼 멋진 순간에 멋진 스피치를 할 수 있을 것이다. 자, 그럼 지금부터 어떻게 하면 내 목소리를 강화할 수 있는지 실전 연습법으로 훈련해보도록 하자.

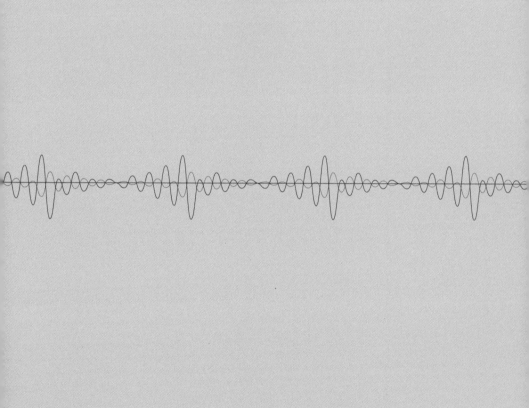

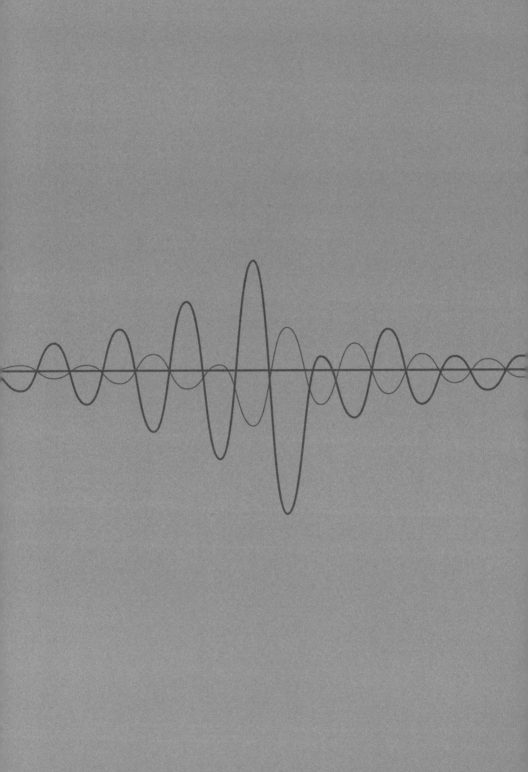

PART 4

좋은 목소리를 만들기 위한 실전 연습

좋은 목소리를 만들기 위한 기본 운동

내 몸이라는 악기를 잘 연주하기 위해서는 스트레칭이 필요하다.
스트레칭이 스피치 달인이 되는 첫걸음임을 반드시 기억하자.

이제 본격적으로 좋은 목소리를 만들기 위한 연습에 들어가 보자. 일단 스트레칭을 통해 전체적인 몸의 긴장도를 낮춰야 한다. 긴장을 많이 하는 분들을 보면 몸이 대부분 100년 된 고목나무처럼 굳어 있다. 긴장을 하게 되면 몸도 표정도 말도 굳는다. 내 몸이라는 악기를 잘 연주하기 위해서는 반드시 스트레칭이 필요하다.

처음에는 사람이 습관을 만들지만 나중에는 습관이 사람을 만든다. 언젠가 자연스럽게 습관적으로 좋은 목소리를 낼 수 있도록 기초 공사부터 튼튼하게 지어보자.

스트레칭

몸의 긴장도를 낮춰주자. 친구들끼리 자연스럽게 대화를 나눌 때는 잘 되던 제스처가 왜 사람들 앞에 나가면 100년도 더 된 고목나무처럼 몸이 뻣뻣해지는 걸까? 긴장을 하게 되면 몸이 굳는다. 몸이 굳으면 목소리 또한 긴장된다. 자, 스트레칭을 통해 목소리의 긴장도를 낮춰보자.

그림 12-1 | **스트레칭.** 스트레칭으로 몸을 풀어주면 목소리의 긴장도 풀린다.

얼굴 근육 운동

몸을 풀어주었다면 얼굴 근육을 자연스럽게 풀어주자. 얼굴 근육은 입을 움직이는 중요한 부분이다. 얼굴 근육 운동을 통해 발음이 더 정확해질 수 있도록 하자.

　얼굴 근육 운동에는 눈썹 운동, 눈 운동, 코 운동, 볼 운동, 턱 운동, 입 운동이 있다. 얼굴 각 부분의 근육을 움직여주기 때문에 표정도 훨씬 부드럽고 자연스러워질 것이다. 틈틈이 시간 날 때마다 짧은 시간이라도 운동을 해보도록 하자.

눈썹 운동

눈썹을 위로 4박자씩 올려주세요.

눈썹을 아래로 4박자씩 내려주세요.

눈 운동

눈동자를 위로 올려주세요.

눈동자를 아래로 내려주세요.

그다음은 눈동자를 좌, 우로 왔다 갔다 하고
오른쪽으로 한 바퀴, 왼쪽으로 한 바퀴 돌려주세요.

코 운동

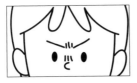

코를 찡긋해주세요.

코를 환하게 펴주세요.

볼 운동

바람을 넣어 볼 근육을 쫙 펴주세요.

혀를 입안 쪽으로 밀어내면서
확실히 근육을 펴주세요.

턱 운동

입을 '아' 하고 벌린 후
턱을 오른쪽으로 돌려주세요.

입을 '아' 하고 벌린 후
턱을 왼쪽으로 돌려주세요.

입 운동

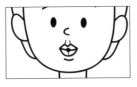

바람을 불듯이 입을 오므려주세요.

"개구리 뒷다리~" 하고 말해주세요.

그림 12-2 | 얼굴 근육 운동. 얼굴 각 부분의 근육을 움직여주기 때문에 표정이 훨씬 부드럽고 자연스러워진다.

혀 운동

혀는 근육으로 이루어져 있기 때문에 간단한 혀 운동만으로도 더 정확한 발음을 얻을 수 있다. 만약 평상시에 말을 할 때 내 의지대로 혀가 움직이지 않는다면 이는 혀 근육을 많이 움직이지 않기 때문이다. 잘되지 않더라도 매일 꾸준히 연습해보자.

참고로 혀가 통통한 사람들이 있다. 혀가 통통할 경우 말을 할 때 전체적으로 단어에 'R' 발음을 넣어서 말을 하게 된다. '안녕하세요'를 '아렁하세요'라고 말하는 사람들이 그 대표적인 예다. 이런 사람들은 혀 운동을 통해 혀 다이어트에 들어가야 한다. 혀의 움직임을 민감하게 만들어주자. 혀 근육 운동을 통해서 말이다.

그럼 내가 혀가 통통한지 그렇지 않은지 스스로 진단할 수 있는 방법이 있을까? 물론 있다. 혀를 굴리면서 "아르르르르르~~"를 해보자. 잘되는가? 만약 혀가 둔하게 움직인다면 혀가 통통해서일 가능성이 크다.

아나운서들은 혀를 입안이나 입 밖으로 꺼내 글자를 써보는 연습을 하기도 한다. 그럼 혀의 운동성이 훨씬 좋아진다. 혀 운동을 하기에 또 좋은 것이 바로 젓가락을 물고 연습하는 것이다. 젓가락을 물면 혀가 젓가락 아래로 내려가 정확한 혀 위치를 잡는 데 도움을 받을 수 있다.

혀끝이 목구멍을 향하도록
동그랗게 말아주세요.

혀를 바닥에 쫙 깔아주세요.

혀끝이 윗니 왼쪽 제일 안에 있는
어금니에 닿도록 해주세요.

혀끝이 윗니 오른쪽 제일 안에 있는
어금니에 닿도록 해주세요.

그다음에 아랫니의 오른쪽, 왼쪽 제일 안에 있는 어금니에 혀끝이 닿도록 해주세요.

혀끝이 윗니 왼쪽 제일 안에 있는
어금니에 닿도록 해주세요.

혀끝이 윗니 오른쪽 제일 안에 있는
어금니에 닿도록 해주세요.

혀끝으로 '가나다라~' 이렇게
글씨를 써주세요.

그림 12-3 | 혀 근육 운동. 간단한 혀 근육 운동만으로도 더 정확한 발음을 할 수 있다.

194

배 근육 스트레칭

배 볼록거리기 운동을 통해 배 근육을 스트레칭해주자. 복식호흡으로 말한다는 것은 배에 숨을 가득 채운 다음 공명점을 누르며 말하는 것이다.

숨이 가득 들어 있는 배에 압력을 가해 공명점을 눌러주는 역할을 하는 것이 바로 '복근'이다. 복근이 배의 공명점을 말의 내용에 따라 자연스럽게 눌러줄 수 있도록 배 근육을 스트레칭해주자.

◆ 먼저 복식호흡 존에 손을 갖다 대자(갈비뼈 아래에서부터 배꼽 아래 5cm 사이).

◆ 복식호흡 존에 풍선이 들어 있다고 생각해보자. 편안한 마음을 갖고 숨을 들이마셔보자. 숨이 들어가면서 배는 부풀어 오른다.

◆ 이제는 숨을 뱉어보자. 숨이 빠져나가면서 배는 수축될 것이다 (5회 반복).

◆ 자, 이제 숨을 가득 들이마신 다음 배 근육을 수축시켜 우리 몸의 초인종인 갈비뼈 가운데 공명점(명치, Y-zone)을 눌러주자.

◆ 다시 숨을 가득 채운 다음 "아!"라는 말을 크게 뱉어주자. 아예 "아!"라는 단어가 배에 들어가 있다고 생각하자. "아!"라는 말이 입을 통해 나올 수 있도록 배를 수축해 소리를 위로 끌어올려보자.

◆ 이때 배가 수축되지 않은 채 말을 하면서 반대로 배가 나오거나

그림 12-4 | 복근 스트레칭. 말의 내용에 따라 복근이 배의 공명점을 자연스럽게 눌러줄 수 있도록 배 근육을 스트레칭해야 한다.

또는 배가 움직이지 않으면 잘못된 것이다. 공명점을 누르면서 "아!"라는 말을 뱉어보자.

✦ '아야어여오요우유으이'를 한 음절에 한 호흡씩 연습해보자(숨을 들이마시고 "아~", 다시 숨을 들이마시고 "야~", 다시 숨을 들이마시고 "어~").

입안을 동굴로 만들기 운동

✦ 숨을 들이마신 다음 숨이 다 빠져나갈 때까지 "야호~" 하고 외쳐 본다(5회 반복). "야호~"를 밀어낸다는 느낌으로 외치자.

✦ 이때 입 모양은 노래 부르듯이 동그란 모양으로 만들어주자. 입 모양은 마치 달걀을 세로로 세워놓은 모양이 되어야 한다.

✦ 잘해야 한다는 생각이 들면 몸에 힘이 들어가게 된다. "야호~"를 그냥 편안하게 밀어낸다고 생각해보자.

✦ 스피치는 양궁이다. 저 앞에 과녁이 있다고 생각하고 그곳을 향해 '소리'라는 화살을 쏴야 한다. 이때 몸에 힘을 줘서는 안 되고 노래 부르듯이 자연스럽게 "야호~" 소리를 쏴보자.

✦ 아파트라서 소리를 크게 낼 수 없다면 "야호~" 입 모양만 크게 해도 된다. 하지만 이때 입은 완전히 열려 목젖이 보여야 한다.

그림 12-5 | 입안을 동굴로 만들기 운동. 과녁을 향해 소리라는 화살을 쏘는 느낌으로 소리를 내야 한다.

입술 털기 운동

♦ 이제 입술을 털어보자. '부르르르르~'

♦ 만약 입술이 잘 털리지 않는다면 한쪽 입꼬리 위를 살짝 손가락으로 눌러보자. 그 힘이 지지대 역할을 해서 입술이 더 잘 털리게 된다.

♦ 입술을 잘 터는 분들은 입술의 움직임과 복근의 힘이 원래부터 강한 분들이다. 입술이 잘 털리지 않는 경우는 복근의 힘이 약하거나 많이 털어보지 않아서일 수 있으니 될 때까지 연습해보자.

그림 12-6 | **입술 털기 운동.** 입술 털기는 입술의 움직임과 복근의 힘을 좋게 해준다.

좋은 목소리를 만들기 위한
실전 연습법

'정말 목소리가 바뀔까?'라는 고민은 생각만으로 해결되지 않는다.
몸으로 되는지 안 되는지 테스트해보면 목소리의 비밀을 알 수 있다.

기본 스트레칭을 끝냈으니 이제는 '좋은 목소리를 만들기 위한 실
전 연습법'에 들어가 보겠다. '정말 될까? 정말 내 목소리가 바뀔
까?'라는 고민은 생각만으로는 해결되지 않는다. 몸으로 되는지 안
되는지 테스트해보길 바란다.

좋은 목소리를 만들기 위해 우리가 잊지 말아야 할 것은 딱 2가
지다. 첫째, 입안을 하품하기 직전처럼 동그랗게 만들어라. 둘째,
복식호흡 존에 숨을 채운 다음 입으로 그 숨을 끌어올리면서 말해
라. 이 2가지는 꼭 머릿속에 넣고 기억하자.

티슈 발성법

✦ 소리에 힘이 실려 발성이 좋아지게 된다.
✦ 숨을 가득 채운 다음 다 쏟아 내 담을 수 있는 호흡의 양이 점차
많아진다.

방법

✦ 손에 휴지를 잡은 다음 '후~' 하고 불어준다.
✦ 이때 그냥 입으로만 바람을 불어주지 말고, 복식호흡 존에 숨을
가득 채운 다음 배에서 올라온 공기로 휴지를 불어주자.
✦ 다시 숨을 들이마시고 '후~ 후~ 후~' 분다(30회 반복).
✦ 발성을 끝낸 다음 숨을 들이마시고 '후~' 하고 외쳐보자.
✦ 복식호흡 존에 있던 숨이 자연스럽게 올라와 입을 통해 나가는
것을 느껴보자.

티슈가 움직일 정도로
숨을 크게 보내주세요.

그림 13-1 | 티슈 발성법. 소리에 힘이 실려 발성이 좋아지고 호흡의 양이 많아진다.

젓가락 탁구공 연습법

♦ 숨을 강하게 끌어올릴 수 있어 발성에 힘이 생긴다.

방법

♦ 젓가락을 양쪽 어금니로 하나씩 물고 탁구공을 올려놓는다.

♦ 고개를 뒤로 젖혀 탁구공이 입술 주변에 머물도록 한다.

♦ 배에 숨을 가득 채운 다음 '후~' 하고 뱉어주자. 뱉어준 숨이 탁구공을 쭉 위로 밀어 올릴 수 있도록 한다.

♦ 만약 탁구공이 꿈쩍도 안 한다면 복식호흡으로 더 깊게 숨을 채운 다음 '후~' 하고 강하게 불어주자.

♦ 탁구공이 위로 올라가 바닥에 떨어지게 되면 머리를 더 뒤로 젖힌 뒤에 강하게 불어주자. 최소 20회 이상 반복해주자.

♦ 젓가락에서 탁구공이 떨어지지 않도록 힘을 조절해주자.

그림 13-2 | **젓가락 탁구공 연습법**. 숨을 강하게 끌어올릴 수 있어 발성에 힘이 생긴다.

배 털기 연습법

♦ 발성과 호흡이 좋아진다.

♦ 움직이는 바이브레이션을 배로 해야 하기 때문에 복근 훈련에 아주 효과적이다.

♦ 복근을 내 마음대로 조절할 수 있게 되어 향후 말을 할 때 자연스럽게 호흡이 복식으로 내려가게 된다.

방법

♦ 복식호흡 존에 숨을 채운 다음 배를 수축시키며 "하하하하!"를 외쳐보자. 배로 바이브레이션을 만든다는 생각으로 "하하하하!" 배가 땡길 때까지!

주의점

♦ "하하하하"라는 소리를 낼 때 배는 수축되어야 한다. 만약 반대로 배가 확장된다면 반대로 하는 것이다.

♦ 이때 입 모양을 크게 해야 한다는 것을 잊지 말자. 목젖이 보일 정도로 입안을 크게 만들어주자.

가갸거겨 발성법

✦ 모음(입 모양) 연습을 통해 정확한 발음을 얻게 된다.

✦ 말의 체력인 호흡 연습도 함께할 수 있다.

방법

✦ 숨을 배까지 가득 채운 다음 '가'라는 말을 위로 끌어올려 뱉어보
자. '가'를 '가아~'로 길게 뱉어줘도 좋다. 마지막 '히이~'까지 뱉어
주자. 모음 변화에 따라 입을 반드시 크게 움직여주자.

✦ '가'부터 '히'까지 한숨에 읽어내려가 보자.

✦ 중간에 멈추면 우리 몸은 숨을 다시 들이마시게 되어 있다. 꼭
중간에 멈추지 말고 '가'부터 '히'까지 쭉 소리를 내보자.

예문 읽기

임유정TV

가갸거겨 발음표

가 갸 거 겨 고 교 구 규 그 기 나 냐 너 녀 노 뇨 누 뉴 느 니
다 댜 더 뎌 도 됴 두 듀 드 디 라 랴 러 려 로 료 루 류 르 리
마 먀 머 며 모 묘 무 뮤 므 미 바 뱌 버 벼 보 뵤 부 뷰 브 비
사 샤 서 셔 소 쇼 수 슈 스 시 아 야 어 여 오 요 우 유 으 이
자 쟈 저 져 조 죠 주 쥬 즈 지 차 챠 처 쳐 초 쵸 추 츄 츠 치
카 캬 커 켜 코 쿄 쿠 큐 크 키 타 탸 터 텨 토 툐 투 튜 트 티
파 퍄 퍼 펴 포 표 푸 퓨 프 피 하 햐 허 혀 호 효 후 휴 흐 히

가갸거겨 발성법_앉아서 하는 방법

방법

✦ 의자나 침대에 편안하게 앉아 심호흡을 한다.

✦ 시계의 초침을 바라본다.

✦ '가갸거겨 발음표'를 편다.

✦ 복식호흡 존에 손을 올려놓은 다음 다시 숨을 들이마시고 뱉는다. 이때 배 안에 풍선이 들어가 있다고 생각해보자. 숨을 들이마시면 풍선이 부풀듯이 배가 부풀어 오를 것이다. 반대로 내쉬면 풍선이 꺼지듯이 배도 꺼질 것이다.

✦ 다시 숨을 들이마신 다음 "가~"라는 말을 20초 동안 중간에 끊지

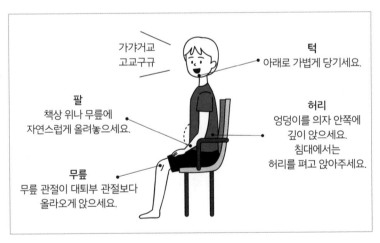

그림 13-3 | 앉아서 하는 가갸거겨 발성법. 꼭 바른 자세로 연습하도록 노력해야 한다.

않고 숨이 다 나갈 때까지 그대로 발음해준다.

✦ 자, 다시 숨을 들이마시고 다음 단어인 "갸~"를 위와 동일한 방법으로 소리를 낸다.

✦ '가'부터 '히'까지 한 단어에 20초씩 뱉어본다. 20초보다 더 길게 뱉을 수 있으면 25초, 30초, 40초에도 도전해보자. 잘하시는 분들은 45초까지 한다.

주의점

✦ '스피치는 양궁이다' 멀리 벽에 과녁이 있다고 생각하고, 소리를 쏴보자. 어떤가? "가~"라는 말을 길게 하면 할수록 배 안의 숨이 빠져나가 배가 수축되는 것이 느껴지는가?

✦ 배가 수축되면서 가장 많이 힘이 들어가는 부분이 바로 우리 몸의 공명점이다. 갈비뼈 트라이앵글, 즉 공명점을 꼭 기억하자.

✦ 반드시 입안이 모음에 따라 완전히 열려야 한다. 목젖이 보일 정도로 입을 크게 벌려주자.

✦ '히'까지 하는데도 복근이 땡기지 않는다는 것은 단어를 너무 짧게 뱉었거나 열심히 하지 않았다는 증거다. 처음 연습하는 분들은 반드시 복근이 땡기도록 해야 한다.

가갸거겨 발성법_서서 하는 방법

✦ 한쪽 다리를 올리게 되면 무게 중심을 잡느라 복근에 무게가 더 실리게 된다. 그래서 말을 할 때 복식호흡이 훨씬 잘된다.

방법

✦ 서서 어깨너비로 다리를 벌린다.

✦ 한쪽 다리를 90도로 들어 올린다.

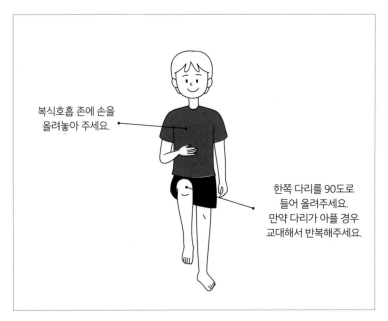

복식호흡 존에 손을 올려놓아 주세요.

한쪽 다리를 90도로 들어 올려주세요. 만약 다리가 아플 경우 교대해서 반복해주세요.

그림 13-4 | 서서 하는 **가갸거겨 발성법.** 한쪽 다리를 올리면 복근에 무게가 더 실려 복식호흡이 훨씬 잘된다.

✦ 복식호흡 존에 손을 올려놓은 다음 다시 숨을 들이마시고 뱉는다. 이때 배 안에 풍선이 들어가 있다고 생각해보자. 숨을 들이마시면 풍선이 부풀듯이 배가 부풀어 오를 것이다. 반대로 내쉬면 풍선이 꺼지듯이 배도 꺼진다.

✦ 숨을 들이마신 다음 배를 빠르게 수축시키며 "가"를 스타카토로 자르듯이 뱉어낸다.

✦ 다시 숨을 들이마신 다음 "갸"를 스타카토로 자르듯이 뱉어낸다.

✦ 위의 방식으로 '가'부터 '히'까지 연습해보자.

주의점

✦ 한쪽 다리가 올라가 무게 중심이 잘 잡히지 않는다면 손으로 책상이나 의자 등 다른 사물에 기대도 좋다. 하지만 열심히 연습해서 한쪽 다리로 무게 중심을 잡을 수 있도록 하자.

✦ 다리는 왼쪽과 오른쪽 어디든 상관없으며, 다리가 아플 경우 서로 교대해주자.

가갸거겨 발성법_허리 숙여 하는 방법

✦ 허리를 숙이면 서 있는 자세보다 무게 중심이 내려가기 때문에 복식호흡이 더 잘된다.

방법

✦ 바닥에 '가갸거겨 발음표'를 깔아 놓는다.
✦ 일단 자리에서 일어나서 서 있는 자세를 취한다.
✦ 복식호흡 존에 한쪽 손을 갖다 댄다.

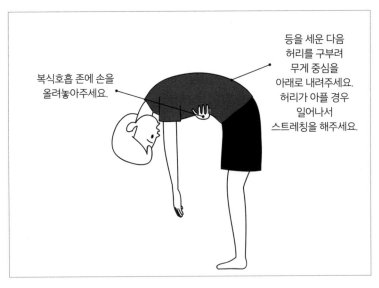

복식호흡 존에 손을 올려놓아주세요.

등을 세운 다음 허리를 구부려 무게 중심을 아래로 내려주세요. 허리가 아플 경우 일어나서 스트레칭을 해주세요.

그림 13-5 | 허리 숙여 하는 가갸거겨 발성법. 허리를 숙인 자세가 서 있는 자세보다 복식호흡이 더 잘된다.

- 등을 세운 다음 허리를 숙여 무게 중심을 아래로 내린다.
- 숨을 깊이 들이마신다. 숨이 들어가면서 배는 볼록 나올 것이다.
- 숨을 들이마신 다음 한 호흡에 한 음절씩 쏟아내듯이 말한다.
- 숨을 들이마신 상황에서 "가~아"를 뱉어내자. 바닥에 "가"라는 단어를 밀어낸다는 느낌으로 숨을 다 쏟아내자. 그런 다음 다시 숨을 들이마시고 "갸~아"를 쏟아내자.

주의점

- 허리가 아플 경우 수시로 일어나 스트레칭을 해주자.
- 하지만 중간에 포기해서는 안 된다. '가'부터 '히'까지 하는 것이 한 사이클이라는 것을 잊지 말자.
- 허리 숙여 하는 발성법을 할 때는 온몸의 힘을 편하게 빼주는 것이 중요하다. 어깨에 힘이 들어가지 않도록 '툭~' 하고 긴장감을 내려놓자.
- 또한 너무 많이 허리를 숙이면 오히려 배가 겹쳐져서 복식호흡이 잘되지 않는다. 90도보다 조금 더 아래로 내려와준다고 생각하자.
- 숨을 배까지 가득 채우고 남아 있는 숨이 없도록 깊게 뱉어내야 한다.
- 입 모양을 크게 해줘야 한다는 것을 잊지 말자. 입 모양을 작게 하면 성대가 다칠 수도 있다.

크래시아 발성법

✦ 크래시아 발성은 연극을 하시는 분들이 많이 하는 것으로 대부분 발음하기 어려운 것들로 되어 있기 때문에 발음 연습을 하는데 굉장히 효과적이고 정확한 발음을 얻을 수 있다.

✦ 한 음절씩 노래를 부르듯이 멀리 보내면 발성도 함께 좋아진다.

방법

✦ 숨을 들이마신 다음 '로얄 막파 싸리톨'을 숨이 다 나갈 때까지 중간에 끊지 않고 쭉 "토올~~~~" 하며 얼마나 오랫동안 참을 수 있는지 시간을 재본다.

✦ 조금 더 길게 하면 할수록 말의 체력인 호흡이 좋아진다.

크래시아 발성법 연습문

로얄 막파 싸리톨	쥬피탈 캄파 큐을와
셀레우 아파쿠사	푸랜 마네푸 슈멘헤워제
깅강후리와 디다스코	바시레이아 게겐네타이
페레스테란 포로소 폰	파라클레세오스 쏘테라이스
카타루사이 마카리오스	에코루데산 디카이오수넨
플레로사이 아프스톨론	우라이노스 아휘엔타이

크래시아 발성법_서서 하는 방법

✦ 한쪽 다리를 올리게 되면 무게 중심을 잡느라 복근에 무게가 더 실린다. 그래서 복식호흡이 더 잘된다.

방법

✦ 서서 어깨너비로 다리를 벌린다.

✦ 한쪽 다리를 90도로 들어 올린다.

✦ 복식호흡 존에 손을 올려놓은 다음 다시 숨을 들이마시고 뱉는다. 이때 배 안에 풍선이 들어가 있다고 생각해보자. 숨을 들이마시면 풍선이 부풀듯이 배가 부풀어 오를 것이다. 반대로 내쉬면 풍선이 꺼지듯이 배도 꺼질 것이다.

✦ 숨을 들이마신 다음 '로'를 '로오~' 하면서 뱉어내자.

✦ 다시 숨을 들이마신 다음 '얄'을 '야알~' 하면서 뱉어내자.

주의점

✦ 한쪽 다리가 올라가 무게 중심이 잘 잡히지 않는다면 손으로 책상이나 의자 등 다른 사물에 기대도 좋다. 하지만 열심히 연습해서 한쪽 다리로 무게 중심을 잡을 수 있도록 하자.

✦ 다리는 왼쪽과 오른쪽 어디든 상관없으며, 다리가 아플 경우 서로 교대해주자.

크래시아 발성법_허리 숙여 하는 방법

✦ 허리를 숙이면 서 있는 자세보다 무게 중심이 내려가기 때문에 복식호흡이 더 잘된다.

방법

✦ 바닥에 크래시아 발성법을 깔아 놓자.
✦ 일단 자리에서 일어나서 서 있는 자세를 취한다.
✦ 복식호흡 존에 한 손을 갖다 댄다.
✦ 등을 세운 다음 허리를 숙여 무게 중심을 아래로 내린다.
✦ 숨을 깊이 들이마시면 배가 볼록 나올 것이다.
✦ 배가 나온 상태에서 "로"를 뱉어내자. 바닥에 "로"라는 단어를 밀어낸다는 느낌으로 숨을 다 쏟아내자. 그런 다음 다시 숨을 들이마시고 "얄"을 뱉어내자.

주의점

✦ 크래시아 발성법의 경우 어려운 발음을 직접 입으로 소리 내 입이 적응하게끔 하는 방법이므로 입 모양을 크게 해주는 것이 필요하다. 입 전체를 움직여 소리를 낸다고 생각하자.

크래시아 발성법_하나씩 강조하기 연습법

✦ 말의 체력인 호흡이 좋아진다.

방법

✦ '로얄 막파 싸리톨'을 한 음절씩 톤을 올려주면서 길게 소리 내
보자.

로^얄 막파 싸리톨   로^얄 막파 싸리톨

로얄 ^막파 싸리톨   로얄 막^파 싸리톨

로얄 막파 ^싸리톨   로얄 막파 싸^리톨

로얄 막파 싸리^톨

예문 읽기

임유정TV

✦ '로얄 막파 싸리톨'을 한 음절씩 올려주면서 중간에 숨을 다시 들
이마시지 말자. 즉 한 호흡으로 쭉 할 수 있도록 해보자.

✦ '쥬피탈 캄파 큐을와, 셀레우 아파쿠사, 푸랜마네쿠 슈멘헤워제'
도 이런 방식으로 계속해보자.

젓가락 연습법

✦ 말의 체력인 호흡이 좋아진다.

✦ 젓가락을 입에 물면 입안이 내가 평상시에 말을 할 때보다 넓어
진다.

✦ 젓가락 아래로 혀가 내려가기 때문에 혀뿌리가 뜨는 것을 미연
에 방지할 수 있다.

✦ 입이 열리면서 목젖을 통과한 소리가 바로 입으로 나오기 때문
에 더 좋은 소리를 얻을 수 있다.

✦ 복근에 힘이 없는 사람들은 말을 할 때 입에 무리하게 힘을 주는
경향이 있다. 젓가락을 끼면 발음을 하면서 입에 힘을 줄 수 없
다. 그래서 자연스럽게 무게 중심이 복근으로 내려가게 된다.

입을 크게 벌려 젓가락을
송곳니에 껴주세요.

그림 13-6 | 젓가락을 물고 하는 연습법. 젓가락을 입에 물면 입안의 공간이 넓어져 더 좋은
소리가 나올 수 있다.

✦ 일회용 젓가락을 반으로 쪼개 입에 문다.

✦ 숨을 가득 채운 다음 신문기사를 읽어내려간다.

✦ 중간에 숨을 다시 들이마시지 않고 계속 읽어내려간다.

✦ 더 이상 하기 힘들다 싶을 때까지 한 다음 더 이상 뱉을 숨이 없다는 생각이 들 때 다시 숨을 들이마신다. 그다음 다시 내용을 읽어내려간다.

✦ 얼마나 많은 양의 기사를 읽었는지 체크해보자.

✦ 다시 숨을 들이마신 다음 나머지 기사를 이어서 읽어내려간다.

✦ 중간에 말을 멈추게 되면 우리는 본능적으로 다시 숨을 들이마신다. 중간에 말을 끊지 않고 계속 읽어내려가 보자.

✦ 숨이 바닥날 때까지 기사를 읽자. 더 이상 뱉을 숨이 없다고 생각했을 때 다시 배로 숨을 들이마셔서 배를 빵빵하게 채운다.

✦ 호흡의 양에 따라 어떤 날은 한 호흡에 많이 읽을 수 있고 어떤 날은 호흡이 길게 가지 못해 조금밖에 읽지 못하는 경우가 있을 것이다. 조금씩 호흡을 길게 가져가 보자.

젓가락 연습법_앉아서 하는 방법

✦ 입을 크게 벌려 송곳니에 젓가락을 물어보자(너무 앞니에 물지 않도
  록 주의한다).
✦ 복식호흡 존에 숨을 채운 다음 "아~" 하고 뱉어보자.
✦ 신문기사를 꺼낸다.
✦ 젓가락을 문 상태로 신문기사를 읽어내려간다.
✦ 또박또박 중간에 숨을 들이마시면서 천천히 읽어보자.

✦ 단지 목으로 소리를 내는 것이 아니라 복식호흡 존에 숨을 채운
  다음 소리를 멀리 보낸다는 생각으로 뱉어보자.
✦ 또한 입 모양에 힘을 줘서는 안 된다. 자연스럽고 둥글게 이야기
  한다는 느낌으로 발음해주자.
✦ 젓가락을 물었지만 정확히 발음해주려고 노력해보자.
✦ 발음에 따라 젓가락 위로 혀가 올라갈 수 있으나 혀는 전체적으
  로 바닥에 깔린다는 느낌이어야 한다. 만약 혀가 자꾸 젓가락 위
  로 올라가는 경우는 말의 톤이 너무 높아서다. 안정된 마음을 갖
  고 톤을 내려보자.

✦ 한쪽 다리를 올리게 되면 무게 중심을 잡느라 복근에 무게가 더 실린다. 그래서 훨씬 복식호흡이 잘된다.

방법

✦ 서서 어깨너비로 다리를 벌린다.

✦ 한쪽 다리를 90도로 들어 올린다.

✦ 복식호흡 존에 손을 올려놓은 다음 다시 숨을 들이마시고 뱉는다. 이때 배 안에 풍선이 들어가 있다고 생각해보자. 숨을 들이마시면 풍선이 부풀듯이 배가 부풀어 오를 것이다. 반대로 내쉬면 풍선이 꺼지듯이 배도 꺼지게 된다.

✦ 젓가락을 문 상태로 신문기사를 읽어내려간다.

✦ 위의 방식으로 가갸거겨 발음표를 펴고 연습해도 좋다. '가'부터 '히'까지 연습해보자.

주의점

✦ 무게 중심이 잘 잡히지 않는다면 손으로 다른 사물에 기대도 좋다.

✦ 다리는 왼쪽과 오른쪽 어디든 상관없으며, 다리가 아플 경우 서로 교대해주자.

젓가락 연습법_허리 숙여 하는 방법

✦ 만약 당장 스피치를 앞두고 있다면 가장 좋은 연습법이다.

✦ 젓가락으로 인해 발음도 연습할 수 있고, 허리를 숙였기 때문에 복식호흡도 가능해지는 아주 좋은 방법이다.

✦ 허리를 숙이면 서 있는 자세보다 무게 중심이 내려가기 때문에 복식호흡이 더 잘된다.

방법

✦ 신문기사를 바닥에 깔아 놓는다.

✦ 입으로 젓가락을 문다.

✦ 허리를 구부려 무게 중심을 내린 다음 숨을 들이마신다.

✦ 젓가락을 문 채로 신문기사를 하나씩 정성 들여 발음해본다.

✦ 신문기사 5개 이상을 이 상태로 읽는다.

주의점

✦ 연습하기 전에 단 음식을 먹은 경우 입안에 침이 많이 고여 흐를 수 있다. 미리 휴지를 준비해두자.

✦ 몸 전체에 힘을 빼야 허리가 덜 아프다.

코르크 마개 연습법

✦ 코르크 마개의 동그란 모양을 따라 입 모양이 평상시의 내 입 모양보다 동그랗게 벌어지게 된다. 입을 벌리지 않아 발음이 좋지 않은 분들에게 효과적이다.

방법

✦ 코르크 마개를 깨끗하게 씻어 입에 문다. 넓은 부분을 물어도 좋고 좁은 부분도 괜찮다.
✦ 복식호흡 존에 숨을 채운 다음 "아~" 하고 뱉어보자.
✦ 신문기사를 꺼낸다.
✦ 코르크 마개를 입에 문 상태로 신문기사를 읽어내려간다.

그림 13-7 | 코르크 마개를 물고 하는 연습법. 동그란 코르크 마개 때문에 입 모양이 동그랗게 벌어지게 된다.

코르크 마개 연습법_앉아서 하는 방법

방법

✦ 의자나 침대에 편안하게 앉아 심호흡을 한 다음 코르크 마개를 입에 문다.

주의점

✦ 단지 목으로 소리를 내는 것이 아니라 복식호흡 존에 숨을 채운 다음 소리를 멀리 보낸다는 생각으로 뱉어보자.

✦ 또한 입 모양에 힘을 줘서는 안 된다. 자연스럽게 동글게 이야기 한다는 느낌으로 발음해주자.

✦ 코르크 마개를 물었지만 정확히 발음하려고 노력해보자.

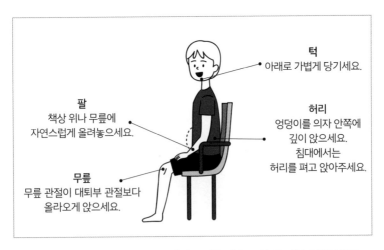

턱
아래로 가볍게 당기세요.

팔
책상 위나 무릎에
자연스럽게 올려놓으세요.

허리
엉덩이를 의자 안쪽에
깊이 앉으세요.
침대에서는
허리를 펴고 앉아주세요.

무릎
무릎 관절이 대퇴부 관절보다
올라오게 앉으세요.

그림 13-8 | 앉아서 하는 코르크 마개 연습법. 꼭 바른 자세로 연습하도록 노력해야 한다.

✦ 한쪽 다리를 올리게 되면 무게 중심을 잡느라 복근에 무게가 더 실린다. 그래서 복식호흡이 훨씬 잘된다.

방법

✦ 서서 어깨너비로 다리를 벌린다.

✦ 한쪽 다리를 90도로 들어 올린다.

✦ 복식호흡 존에 손을 올려놓은 다음 다시 숨을 들이마시고 뱉는다. 이때 배 안에 풍선이 들어가 있다고 생각해보자. 숨을 들이마시면 풍선이 부풀듯이 배가 부풀어 오를 것이다. 반대로 내쉬면 풍선이 꺼지듯이 배도 꺼질 것이다.

✦ 신문기사를 꺼낸다.

✦ 코르크 마개를 입에 문 상태로 신문기사를 읽어내려간다.

주의점

✦ 무게 중심이 잘 잡히지 않는다면 손으로 책상이나 의자 등 다른 사물에 기대도 좋다. 하지만 열심히 연습해서 한쪽 다리로 무게 중심을 잡을 수 있도록 하자.

✦ 다리는 왼쪽과 오른쪽 어디든 상관없으며, 다리가 아플 경우 서로 교대해주자.

① 어린이집에 대한 평가인증 점수와 등급이 공개되고 인터넷 게임에 빠진 아동들을 위한 상담서비스가 시작된다고 밝히며, 또 직장에 근무 중인 기초생활수급자도 일반 근로자처럼 국민연금에 가입할 수 있게 되며, 대형병원의 일반병상과 비선택 진료의사가 늘어나 환자들의 부담이 줄어들 것으로 알려졌습니다.

② 보건복지부는 큰 예산이 들지 않더라도 제도개선과 사업방식 개선 등을 통해 실생활에 도움을 줄 수 있는 정책을 모아 '101가지 서민희망찾기'라는 이름으로 발굴해 올해 안에 실행한다고 23일 밝혔습니다.

③ 먼저 보건복지부는 '좋은 보육시설'에 대한 정보공개를 확대하기로 하고, 오는 6월부터 평가인증을 받은 어린이집의 평가등급과 세부항목별 점수도 인터넷을 통해 공개할 예정이라고 말했습니다.

④ 그간 보육시설의 평가인증 여부만 공개하고 있어 영유아 부모들의 시설 선택에 별다른 도움을 주지 못했었고, 작년 11월 현재 전체 어린이집의 63.8%인 2만 2,671곳의

어린이집이 평가인증을 받았습니다.

⑤ 또 오는 9월부터는 주민센터를 찾지 않고도 집에서 국가
복지정보포털(복지로)을 통해 보육료 신청을 하고 이메일
이나 휴대전화 문자메시지를 통해 결과 확인을 할 수 있
도록 바꾼다고 말했습니다.

✦ 위의 뉴스 한 단락을 숨을 들이마신 다음 중간에 숨을 다시 들이
마시지 않고 끝까지 읽는다. 힘들어도 끝까지 해보자.

✦ 이때 입 모양은 크게 벌려야 한다. 특히 입안이 열릴 수 있도록
한다.

✦ 한 단락을 읽은 다음 다시 숨을 들이마시고, 그다음 단락을 읽어
보자(위의 방법처럼 중간에 숨을 다시 들이마시지 않는다).

✦ 이런 방법으로 다섯 단락을 모두를 읽는데, 한 단락 읽고 숨 쉬고
한 단락 읽고 숨 쉬고를 반복해보자.

✦ 다음에는 두 단락을 한꺼번에 읽어보자. 숨을 들이마신 다음 다
시 들이마시지 말고 두 단락을 한꺼번에 읽어보자(중간에 멈춰서
는 안 된다).

✦ 이어서 세 단락을 한꺼번에 읽어보자. 한 단락이나 두 단락을 읽
을 때처럼 숨을 들이마신 다음 중간에 다시 들이마시지 않고 끝

까지 읽는 것이 중요하다.

✦ 힘들어도 조금씩 호흡을 늘려가 보자.

자, 이렇게 '좋은 목소리를 만들기 위한 실전 연습'이 끝났다. 여기까지 달려오느라 고생이 많았다. 눈으로 읽지 않고 몸으로 읽어준 여러분께 진심으로 감사하다는 말씀을 전하고 싶다.

그런데 여기까지 연습을 하다 보니 여러 가지 애로사항이 있었을 것이다. 발성 연습을 할 때 "시끄럽게 뭐 하는 거냐!" 하며 신경질 내는 가족들도 있었을 것이고, 사는 곳이 아파트라 '옆집에서 뭐라고 하면 어떻게 하나' 하며 마음도 쓰였을 것이다. 그래서 여러분을 위해 준비했다. 조용한 공간에서 목소리 훈련하는 방법이다. 자, 이제 다시 시작이다!

조용한 공간에서 하는
목소리 훈련 방법

소리를 크게 내야만 좋은 목소리를 얻을 수 있는 것은 아니다.
남들이 자는 밤에도 목소리 훈련을 할 수 있는 방법이 있다.

목소리 훈련을 할 수 있는 최적의 장소는 바로 차 안이다. '난 차가 아직 없는데' 하는 분들이 있다면 걱정하지 마시라. 차가 없어도, 아파트에 살고 있어도, 설령 남들이 자는 밤이어도 목소리 훈련을 할 수 있는 방법이 있다.

꼭 소리를 크게 내야만 좋은 목소리를 얻을 수 있는 것은 아니다. 좋은 목소리를 얻기 위해서는 입안을 동그랗게 열고, 복식호흡으로 소리를 아래에서 위로 끌어올리는 것, 이 2가지만 잊지 않는다면 굳이 큰 소리 낼 필요 없이 좋은 목소리를 얻을 수 있다.

손 울림 느끼기

✦ 신문기사를 펼치고 쇄골과 가슴 사이에 손을 올린 다음 신문기사를 읽는다.

✦ 이때 입 모양은 동그랗게 하자.

✦ 배에 숨을 채운 다음 공명점을 누르면서 기사를 소리 내 읽어보자.

주의점

✦ 공명(좋은 울림소리)은 어느 이상의 소리 볼륨감을 갖고 있어야 나온다. 내가 평상시에 내는 소리보다 약 2~3배 정도 크게 신문기사를 읽는다고 생각해보자.

그림 14-1 | 쇄골과 가슴 사이에 손 올리고 말하기. 손에 공명이 느껴지도록 충분한 소리 크기로 말해야 한다.

226

허리 숙여 신문기사 읽기

✦ 허리를 숙이면 서 있는 자세보다 무게 중심이 내려가기 때문에 복식호흡이 더 잘된다.

방법

✦ 바닥에 신문기사 또는 읽을거리를 깔아 놓는다.

✦ 자, 일단 자리에서 일어나서 서 있는 자세를 취한다.

✦ 복식호흡 존에 한 손을 갖다 댄다.

✦ 등을 세운 다음 허리를 숙여 무게 중심을 아래로 내린다.

✦ 배가 볼록 나오도록 숨을 깊이 들이마신다.

✦ 숨을 들이마신 다음 신문기사를 읽어내려간다.

✦ 끝나면 일어나서 허리를 스트레칭해준다.

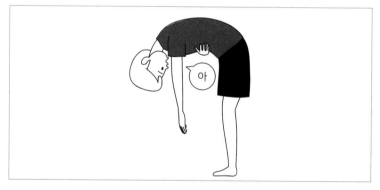

그림 14-2 | 허리 숙여 신문기사 읽기. 허리를 숙이면 무게 중심이 내려가기 때문에 복식호흡이 잘된다.

젓가락 물고 허리 숙여 신문기사 읽기

✦ 발음·발성·호흡! 세 마리 토끼를 한번에!

✦ 여러 발성법 중 가장 단시간 내에 좋은 효과를 얻을 수 있는 방법 이다. 내가 말더듬증을 고칠 수 있었던 방법 중에 가장 좋은 방 법이기도 하다. 조용한 공간에서도 할 수 있기 때문에 이 방법을 하루 30분 이상 연습한다면 목소리는 안 좋아지려야 안 좋아질 수가 없다.

방법

✦ 신문기사를 바닥에 깔아 놓는다.

✦ 입안에 젓가락을 문 다음 허리를 숙인다.

✦ 숨을 들이마신 다음 하나하나 신문기사를 정성껏 읽어내려간다.

✦ 기사 하나를 다 읽었다면 그다음 신문기사를 읽을 때 중간에 끊 지 않고(숨을 다시 들이마시지 말고) 계속 읽어내려간다. 더 이상 소 리를 낼 수 없을 때 다시 숨을 들이마신다.

✦ 한 기사에 몇 번이나 중간에 숨을 다시 들이마시는지 세어보자. 호흡이 긴 분들은 중간에 쉬는 횟수가 적겠지만 호흡이 짧은 분 들은 오래 읽지 못해 중간에 숨을 자주 들이마시게 된다. 꼭 체 크해보자.

젓가락을 입에 물어주세요.

허리를 숙이고 신문기사를 정성껏 읽어내려가주세요.

아

그림 14-3 | 입에 젓가락 물고, 허리 숙여 연습하는 방법. 이 방법은 발음과 발성과 호흡을 한꺼번에 훈련할 수 있다.

주의점

✦ 입안에 침이 밖으로 흐를 수 있으니 미리 휴지를 준비하자.

✦ 허리가 많이 아프다는 것은 몸에 힘을 너무 많이 주고 있다는 이 야기다. 몸의 긴장을 부드럽게 풀어주자.

✦ 이 방법으로 훈련을 한 다음 젓가락을 빼고 다시 신문기사를 읽 어보자. 한결 발음하기가 편하다는 것이 느껴질 것이다.

✦ 만약 '별로 달라진 게 없네'라고 한다면 젓가락을 물고 발음했을 때 발음을 정확하지 않게 읽었거나, 숨이 다 빠져나가는 것을 기 다리지 않고 다시 숨을 채웠을 가능성이 크다. 이 훈련을 하며 '참 좋은 목소리 얻기 힘들구나'라는 생각이 들 정도로 열심히 해 야 한다.

조금씩 시간이 지나면서 자연스럽게 알게 되는 것들이 있다. 아나운서와 쇼핑호스트 생활을 하면서 느낀 왠지 모를 '불안'이 그것이다. 살면서도 왠지 모를 '불안'에 내 에너지를 소모한 적이 많다. 연휴나 휴일에도 마음 편히 쉼을 느끼지 못하는 경우가 많았지만 이제는 그 불안의 원인이 무엇인지 조금씩 알게 되었다. 그 원인은 바로 '준비'였다.

해야 할 일을 하지 않고 준비해야 하는 일을 하지 않은 채 즐기는 휴가는 오히려 불안이고 스트레스다. 언제까지 미리 준비하지 않아 불안에 휩싸이며 발표 날짜를 기다려야 하는가? 평소 목소리 훈련을 통해 당당하게 말할 수 있는 '준비'를 한다면, 남들의 이목을 집중시킬 수 있는 멋진 스피치를 할 수 있을 것이다. 목소리에 대한 훈련, 그저 물 흐르는 듯이 인생을 흘러 보내는 사람에게는 그다지 필요하지 않을 수 있다. 하지만 세상의 리더가 되려 하고 자신감 있게 삶을 살고자 하는 사람이라면 반드시 거쳐야 할 숙제다. 자, 내 인생의 또 하나의 숙제를 해결해보자.

시간대별로 필요한
목소리 훈련 방법

5분이라도 시간이 있다면 바로 '목소리 훈련'에 들어가 보자.
몸과 마음이 가꿔야 좋아지는 것처럼 목소리도 마찬가지다.

꾸준히 연습하는 것이 중요하다. 5분이라도 짬이 나는 시간이 있
다면 바로 '목소리 훈련'에 들어가 보자. 만약 단기간에 좋은 목소
리를 얻고자 한다면 하루에 1시간 이상 훈련을 해야 한다.

내일 당장 중요한 프레젠테이션이 있다면 1시간 연습 코스를 펴
서 열심히 연습하길 바란다. 그럼 발표할 때 "어머! 내 입과 혀가 내
마음대로 움직이네. 내 목소리 정말 매력적인데!"라는 느낌을 느낄
수 있을 것이다. 오늘 오후에 발표가 있다면 30분 연습 코스를, 바
로 10분 후에 발표를 해야 한다면 5분 연습 코스를 해보자.

5분 연습 코스_벼락치기 스피치를 앞두고 있을 때

순서

✦ 시계 초침 연습법

✦ 티슈 발성법

✦ 가갸거겨 발성법 허리 숙여 하기

방법

✦ 시계 초침을 보며 "아~~"(30초), 다시 숨을 들이마시고 "안녕하세
요~"(40초)를 말하며 버틴다.

✦ 휴지를 한 장 꺼내 숨을 가득 채운 다음 입으로 바람을 불어주자
(30초는 버텨야 한다). 이번에는 '후, 후' 짧게 해주자. 1초에 '후' 하
나를 채우고 뱉는다는 느낌으로, 숨을 들이마신 다음 '후' 하고 뱉
고 다시 들이마신 다음 '후' 하고 뱉자.

✦ 허리를 숙인 다음 "가갸거겨~"를 외치며 배를 당겨보자(한 단어에
한 호흡!). "하햐호효후휴흐히~" 마지막까지 계속해보자.

시계 초침 연습법

티슈 발성법

시계 초침을 보며 30초 동안 "아~"를 하고,
40초 동안 "안녕하세요~"를 해보자.

배에 숨을 가득 채운 다음
최소 30초 이상 입으로 바람을 불어보자.

가갸거겨 발성법 허리 숙여 하기

허리를 숙이고 한 단어에 한 호흡씩
"가갸거겨~"를 외치며 배를 당겨보자.

그림 15-1 | 5분 연습 코스

10분 연습 코스_하루 10분이면 내 목소리를 찾는다

순서

✦ 시계 초침 연습법

✦ 티슈 발성법

✦ 가갸거겨 발성법 허리 숙여 하기

✦ 크래시아 발성법 다리 올려 하기

방법

✦ 시계 초침을 보며 "아~~"(30초), 다시 숨을 들이마시고 "안녕하세요~"(40초)를 말하며 버틴다.

✦ 휴지를 한 장 꺼내 숨을 가득 채운 다음 입으로 바람을 불어주자 (30초는 버텨야 한다). 이번에는 '후, 후' 짧게 해주자. 1초에 '후' 하나를 채우고 뱉는다는 느낌으로, 숨을 들이마신 다음 '후' 하고 뱉고 다시 들이마신 다음 '후' 하고 뱉자.

✦ 허리를 숙인 다음 "가갸거겨~"를 외치며 배를 당겨보자(한 단어에 한 호흡!). "하햐호효후휴흐히~" 마지막까지 계속해보자.

✦ 허리를 세우고 한쪽 다리를 들어 배에 힘이 가게끔 한 다음 크래시아 발성법으로 한 단어씩 이야기해보자(한 단어에 한 호흡!).

시계 초침 연습법

시계 초침을 보며 30초 동안 "아~"를 하고,
40초 동안 "안녕하세요~"를 해보자.

티슈 발성법

배에 숨을 가득 채운 다음
최소 30초 이상 입으로 바람을 불어보자.

가갸거겨 발성법 허리 숙여 하기

허리를 숙이고 한 단어에 한 호흡씩
"가갸거겨~"를 외치며 배를 당겨보자.

크래시아 발성법 다리 올려 하기

허리를 꼿꼿이 세우고 한쪽 다리를 들어
복근에 힘이 가게 한 다음 크래시아 발성법의
문구를 한 단어씩 한 호흡으로 말해보자.

그림 15-2 | 10분 연습 코스

30분 연습 코스_하루 30분이면 내 목소리를 낼 수 있다

순서

✦ 시계 초침 연습법

✦ 티슈 발성법

✦ 가갸거겨 발성법 허리 숙여 하기

✦ 크래시아 발성법 다리 올려 하기

✦ 젓가락 입에 물고 신문기사 읽기(5개 이상)

방법

✦ 시계 초침을 보며 "아~~"(30초), 다시 숨을 들이마시고 "안녕하세
요~"(40초)를 말하며 버틴다.

✦ 휴지를 한 장 꺼내 숨을 가득 채운 다음 입으로 바람을 불어주자
(30초는 버텨야 한다). 이번에는 '후, 후' 짧게 해주자. 1초에 '후' 하
나를 채우고 뱉는다는 느낌으로, 숨을 들이마신 다음 '후' 하고 뱉
고 다시 들이마신 다음 '후' 하고 뱉자.

✦ 허리를 숙인 다음 "가갸거겨~"를 외치며 배를 당겨보자(한 단어에
한 호흡!). "하햐호효후휴흐히~" 마지막까지 계속해보자.

✦ 허리를 세우고 한쪽 다리를 들어 배에 힘이 가게끔 한 다음 크래
시아 발성법으로 한 단어씩 이야기해보자(한 단어에 한 호흡!).

✦ 송곳니 뒤쪽에 낀다는 느낌으로 젓가락을 입에 문다.

- ✦ 허리를 숙인 다음 배에 숨을 가득 채우고 바닥에 깔려 있는 신문 기사를 읽어내려간다.
- ✦ 이때 중간에 숨을 다시 들이마셔서는 안 된다. 숨을 참아보자.
- ✦ 더 이상 참지 못할 때쯤 다시 배에 숨을 채워 나머지 부분을 읽는다.
- ✦ 한 개의 기사에 몇 번이나 숨을 쉬는지 체크해보자.
- ✦ 책에 실려 있는 어려운 발음 문장을 멀리 보내준다는 느낌으로 읽어보자. 배에 숨을 채운 다음 읽어야 한다.

시계 초침 연습법

티슈 발성법

시계 초침을 보며 30초 동안 "아~"를 하고, 40초 동안 "안녕하세요~"를 해보자.

배에 숨을 가득 채운 다음 최소 30초 이상 입으로 바람을 불어보자.

가갸거겨 발성법 허리 숙여 하기　　　　**크래시아 발성법 다리 올려 하기**

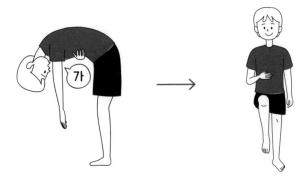

허리를 숙이고 한 단어에 한 호흡씩　　　　허리를 꼿꼿이 세우고 한쪽 다리를 들어
"가갸거겨~"를 외치며 배를 당겨보자.　　　　복근에 힘이 가게 한 다음 크래시아 발성법의
　　　　　　　　　　　　　　　　　　　　문구를 한 단어씩 한 호흡으로 말해보자.

젓가락 입에 물고 신문기사 읽기

송곳니에 낀다는 느낌으로 젓가락을 물고,
허리를 구부린 다음 배에 숨을 가득 채운 뒤
바닥에 있는 신문기사를 읽어보자.

그림 15-3 | 30분 연습 코스

1시간 연습 코스_하루 1시간이면 목소리 달인

순서

✦ 시계 초침 연습법

✦ 티슈 발성법

✦ 가갸거겨 발성법 허리 숙여 하기

✦ 크래시아 발성법 다리 올려 하기

✦ 젓가락 입에 물고 신문기사 읽기(5개 이상)

✦ 시계 초침 연습법

✦ 티슈 발성법

✦ 가갸거겨 발성법 허리 숙여 하기

✦ 크래시아 발성법 다리 올려 하기

✦ 젓가락 입에 물고 신문기사 읽기(5개 이상)

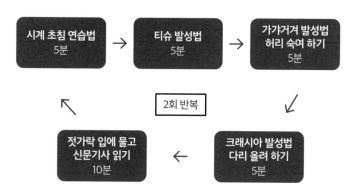

그림 15-4 | 1시간 연습 코스

세상에 태어나 한 번도 "목소리 좋다"라는 말을 들어본 적이 없는 한 기업체 부장님이 계셨다. 이 훈련을 하고 나서 2주일쯤 후 어떤 모임에 가서 자기소개를 했는데 청중 가운데 한 분에게 "어머! 목소리가 정말 좋으세요!"라는 말을 들었다고 한다. 태어나 평생 처음으로 들었던 말이니 얼마나 감격하셨을지 짐작이 된다.

부장님은 목소리가 좋다는 말을 들으니 말에 한결 자신감이 생겼다고 했다. 일단 앞에 나가서 말하는 자기 모습에 대한 확신이 들어서일 것이다. 자, 꾸준한 연습을 통해 자신감 넘치는 나로 변화해보자.

방송, 면접, PT 등 실전에서의 목소리 사용 설명서

'QR로 들어가서 동영상 보는 건 귀찮아!'라고 생각하는 독자가 있는가?
속는 셈치고 한 번만 들어보시라. 목소리의 운명이 바뀔 것이다.

목소리에 관한 책을 쓰면서 가장 힘들었던 점은 '목소리가 좋아질 수 있는 방법을 어떻게 글로 잘 전달할 수 있을까?'였다. 내가 직접 옆에 가서 이것저것 코치해드리고, 직접 말로 전달해야 속이 시원한데 이것을 글로 표현하자니 정말 답답하고 어려웠다. 그래서 만든 것이 바로 이 '방송, 면접, PT 등 실전에서의 목소리 사용 설명서'다. 독자들이 처할 수 있는 다양한 환경에 맞춰 여러 가지 예를 보여드리고 목소리를 녹음하면 '내가 굳이 옆에 있지 않아도 독자들이 이것을 보고 들으면서 연습할 수 있겠구나'라는 생각이 들었다.

예문에는 QR 동영상이 있다. 다른 성우나 아나운서들의 목소리를 빌리지 않고 모두 내 목소리로 녹음했다. "내가 정답이다!"라는 말이 아니다. 이렇게 해서라도 독자들과 대화하고 싶은 나의 바람이다.

'QR로 들어가서 동영상 보는 건 귀찮아!'라고 생각하는 독자가 있다면 간곡히 말씀드린다. 속는 셈 치고 한 번만 들어보시라! 두 번 들으라고 부탁하지도 않겠다. 동영상을 들으며 아래의 내용을 함께 소리 내어 읽어보자.

방송 목소리 사용 설명서

뉴스 멘트

인터넷에 들어가 '뉴스 다시 보기'를 클릭해보자. 왼쪽에는 앵커의 얼굴이, 오른쪽에는 뉴스원고가 뜬다. 앵커와 함께 따라 해보기도 하고, 음소거를 한 뒤 혼자 읽어보기도 하자. 뉴스원고를 많이 낭독하다 보면 말에 신뢰감을 주는 리듬감이 들어가게 된다. 또한 발음도 정확해진다. 하루에 뉴스를 10개씩 연습해보자.

아프가니스탄 탈레반의/ 한국인 인질 억류 사태 해결을 위해/ 한국 정부와 탈레반 간 접촉이 본격화하고 있는 가운데/ 양측이 강온 전략을 구사하며/ 서로 압박을 가하는 등/ 샅바 싸움이 치열합니다./

예문 읽기

임유정TV

✦ 모음만 따로 떼어내 발음해보자(입 스트레칭).

✦ 위의 내용을 한번 소리 내어 읽어보자. 어떤 단어를 강조해야 할지 생각해보자(아프가니스탄, 탈레반, 한국인, 인질, 억류, 사태, 해결, 한국 정부, 탈레반 간, 접촉, 본격화, 강온, 전략, 구사, 압박, 샅바, 싸움, 치열).

✦ 동그란 목소리가 기본이다. 손으로 동그란 제스처를 해주며 읽어보자.

✦ 스타카토 리듬감으로 말끝을 딱딱 강하게 끊어보자.

라디오 DJ 멘트

라디오 DJ 멘트는 상대방에게 마음을 열고 따뜻하게 말할 때 도움이 된다.

한 시인이/ 하늘을 바라보며 말합니다./

내가 살아서/ 이렇게 하늘을 바라볼 수 있다는 것만으로도/ 참

행복하다./

산이든 강이든 하늘이든/ 하늘에 머물다 사라지는 먹장구름이

든/ 그저 바라보는 것이다./ 꽃이 피고 여름이 와도/ 그리고 그

꽃이 떨어지는 계절이 와도/ 나는 하늘만 바라볼 것이다./

예문 읽기

임유정TV

✦ 마음을 차분히 가라앉힌 뒤 자신이 마치 라디오

DJ가 된 것처럼 생각해보자.

✦ 배에 숨을 채운 뒤 우리 몸의 공명점에 모든 기운을 집중시킨다.

✦ 공명점에서 숨을 끌어올리면서 부드럽게 말을 뱉어보자.

✦ 단어 하나하나에 마음을 담아보자. 진심을 말이다.

리포터 멘트

안녕하세요!/ '맛있는 여행 속으로'의 리포터 ○○○입니다./

야외로 나와보니까요./ 깨끗한 자연이 제 마음 안으로 쏙 들어오

는데요./ 산과 들이 온통 푸릇푸릇한데요!/ 이러한 자연을 느끼기에/ 가장 좋은 것은 바로/ '드라이브'가 아닐까 싶어요./ 혼자도 좋고요! 연인과 가족과 함께여도 좋습니다./ 이번 주말 도시를 떠나/ 녹음 속으로의 드라이브 한번 떠나보시면 어떨까요?/ 여기에 맛집을 빼놓을 수 없겠죠!/ 지금부터 맛있는 여행 떠나볼까요?/

출발합니다!

✦ 자신이 마치 리포터가 된 것처럼 생각해보자.

✦ 리포터의 리듬감은 굉장히 경쾌하다(그렇다고 해서 톤을 많이 높여서는 안 된다).

✦ 밝고 활발한 리듬 스피치 방법을 적용해보자.

오셀로(Othello) 연극 멘트

도무지 참을 수 없군./ 내 혈기가 냉정한 이성을 채찍질하는걸./ 분노가 판단을 흐리게 하고,/ 앞질러 가려고 하는군./

도대체 이 싸움이 왜 일어났느냐 말이다./ 누가 시작했어?/

싸움을 건 놈은 설사/ 내 쌍둥이라도 용서 못 해./

이게 무슨 수치인가?/

전쟁의 공포가 가시지 않은 이곳에서/ 아직도 민심이 어수선해/

전전긍긍하는 이 판국에,/ 치안을 맡아 보는 초소에서/ 한편끼리

사사로운 일로/ 싸움을 하다니 될 법한 소린가?/

이 무슨 해괴망측한 일인가?/

이아고,/ 누가 먼저 싸움을 걸었나?/

대체 어떻게 해서/ 이따위 싸움이 일어났느냐 말이다?/

예문 읽기

임유정TV

♦ 배에 호흡을 채운 다음 숨을 아래에서 위로 쭉 끌어올리며 말을
내뱉자.

♦ 평소 목소리 볼륨보다 3배 정도 더 크게 소리를 내자.

♦ 밖으로 내지르는 발성을 통해 평소 스트레스를 목소리에 담아
내보내보자.

쇼핑호스트 멘트

오늘의 핫이슈 간략히 소개_오프닝

맛있는 곳으로 여러분을 초대합니다. 라온제나 가든! 정말 소문 난 맛집으로 유명한 곳이죠! 특히나 소불고기의 대명사라고 해도 과언이 아닐까 싶어요.

31년 전통, 라온제나 가든의 그 맛 그대로 즐기세요. 100% 국내 산! 원료부터가 다르죠! 전국 어디나 지정장소, 내일까지 원하시 는 장소로 배송해드립니다.

맛&시즌성

이거 보세요. 야들한 불고기를 고기판에 올리면 지글지글~ 익는 그 씹히는 불고기의 그 맛. 생각만 해도 입안에 침이 고이는데요, 이 더운 여름 맛있는 불고기로 원기 회복하셨으면 좋겠습니다. 아이들 방학이다 보니까 외식하기 위해 식당 찾는 분들 많이 계 시죠?! 식당에 가서 밥 먹으면 사실 많이 부담스럽잖아요. 하지 만 걱정하지 마세요. 이제 라온제나 가든의 맛있는 불고기를 홈 쇼핑에서 저렴하게 만나실 수 있습니다.

구성 설명

풍성하게 드시라고 구성 여섯 팩 준비했어요. 여기에 한 팩을 더 드립니다. 한 팩당 500그램이니까 총중량이 3.5킬로그램, 17인 분 정도 되는 분량입니다.

라온제나 가든의 맛 비결_원육이 좋아요

자, 그러면 지금부터 왜 라온제나 가든의 맛을 찾는지 하나하나 공개할게요. 원육이 100% 국내산 소불고기예요. 더군다나 원육 을 들어서 보여드릴게요. 정말 얇죠? 고기가 이렇게 얇다 보니까 아이 이유식 하는 분들이 예전에는 고기 사러 가면 "얇게 썰어 주세요!"라고 해야 해서 눈치 보였었는데 라온제나 가든 소불고기 는 얇아 그런 말씀 안 해 정말 좋다고 하시더라고요! 이게 바로 라온제나 가든의 기술력이죠! 또 얇다 보니까 고기가 입안에 들어가면 사르르 녹는다니까요!

라온제나 가든의 맛 비결_양념이 맛있어요

근데 중요한 건 고기 좋은 거 사서 양념 못 하면 흔히 하는 말 로 꽝이잖아요. 불고기가 은근히 짜지고 달게 되는 요리잖아요. 100% 국내산 자연원료를 사용하면서도 여기에 진피랑 구기자도 들어가요! 진피는 쇠고기 특유의 향을 잡아주고요! 구기자는 단맛을 준다고 합니다.

라온제나 가든 외국인도 많이 찾아요_브랜드

이렇게 맛있다 보니 라온제나 가든은 해외에서 더 유명한데요. 해외에서 라온제나 가든을 찾아주신 분들을 보니까, 후쿠다 전 일본 수상, 애니카 소렌스탐 등 다 일일이 열거하기도 힘들어요. 아마 라온제나 가든에 오신 분들 얘기하다 보면 서울에서 광주까지 줄을 쭉 설 정도라니까요!

'배송'으로 마무리

배송도 여러분이 원하시는 장소로~! 바캉스에 가 계신다면 그쪽으로 배송을 해드리겠습니다. 자, 31년 전통의 맛입니다. 라온제나 가든 그 맛 그대로 구성도 좋게 거기에 배송도 내일까지 약속드립니다.

예문 읽기

임유정TV

◆ 미쳐 있어야 한다.
◆ 정말 좋은 상품이라는 강한 확신이 목소리 안에 들어가 있어야 한다.

- ✦ 너무 낮아 일자인 톤은 단조롭다. 재미가 없다.
- ✦ 목소리에 가식이 있어서는 안 된다.
- ✦ 절대 푸시하는 목소리는 안 된다.
- ✦ 목소리에도 표정이 있다는 사실을 꼭 기억해야 한다.

행사를 진행할 때

행사의 경우 사회자의 역할이 정말 중요하다. 결혼식이나 연말 시상식을 떠올려보자. 사회자가 어떻게 사회를 보느냐에 따라 전체적인 행사의 분위기가 바뀌게 된다.

일단 행사의 주된 성격이 무엇인지 생각해본 다음 전체 콘셉트를 잡아야 한다. 회사에서 가족 운동회를 마련했다면 이 행사는 당연히 밝은 분위기로 진행을 해야 한다. 또한 원고를 보기 위해 너무 머리를 숙이기보다는 앞의 청중과 눈을 맞추며 대화체로 진행해야 한다는 것을 잊지 말자.

안녕하세요. 싱그러운 여름에 인사드립니다. 오늘 행사 진행을 맡은 ○○○입니다. 반갑습니다. (인사)

오늘 정말 많은 분들이 와주셨네요. 정말 감사합니다. 오늘 이렇게 가족들과 함께하니까 어떠세요? 마음 참 행복하지 않습니까? 오늘 오다 보니 길가에 장미꽃이 만개해 있더라고요. 장미는 봄의 끝이자 여름의 시작을 알리는 꽃입니다. 더불어 '사랑'이라는 꽃말도 가지고 있죠. 바쁘고 힘든 직장 생활 때문에 늘 가족과 함께하지 못해 아쉬움이 많으셨을 겁니다. 오늘 가족들과 함께 서로 살 부비며 그동안 못다 한 이야기 맘껏 나눴으면 좋겠습니다. 자, 그렇다면 지금부터 행사를 시작하도록 하겠습니다. 오늘 행사를 준비해주신 우리 회사 ○○○ 대표님의 말씀이 먼저 있겠습니다. 여러분 큰 박수로 사장님을 맞이해주십시오!

예문 읽기
임유정TV

✦ 오프닝은 정말 중요하다. 청중을 향해 질문을 한번 해보자. 이때 목소리는 친근감 있고 따뜻하게 해야 한다.

✦ "안녕하세요~ 반갑습니다!"라는 인사는 정중하면서도 친근감 있게 표현하자.

✦ 그 외 이어지는 다른 멘트는 부드럽게 말해 친근감과 친밀감을 형성하자.

✦ 그냥 원고만 보지 않는다. 중간중간에 고개를 들어 청중과 눈을 맞추도록 하자.

✦ 오프닝에 무슨 말을 할 것인지 미리 준비해 자신감 있는 목소리로 말하자. 너무 어려운 에피소드를 가지고 말하면 오히려 말이 꼬일 수 있다. 쉬운 에피소드로 가자!

✦ 행사 내용에 따라 목소리를 달리 표현하자. 즐거운 분위기의 행사라면 밝고 행복한 음성으로 해야 한다. 이때 사회자의 목소리가 너무 다운되면 전체적인 행사의 분위기도 가라앉게 된다. 반대로 기품이 있어야 하는 행사에 너무 가벼운 목소리를 내면 행사가 가벼워질 수 있다. 상황에 따라 목소리를 다양하게 연출하자.

면접 볼 때

면접은 '나 자신을 파는 것'이다. 자신에 대한 자신감이 목소리에 묻어 있지 않으면 아무도 나를 사려고 하지 않을 것이다. 나도 내가 싫다고 외치는데 누가 사겠는가? 목소리로 자신을 좋아하게끔 만들자.

자신감을 넣어 당당하게 다음의 문장을 읽어내려가 보자. 목소리가 너무 작게 나온다면 제스처도 함께하며 읽어보자. 주먹을 쥐고 파이팅하듯이 "내 안에 잠든 거인을 깨워라!"라고 크게 외쳐보자. 그럼 한결 자신감이 붙을 것이다.

안녕하십니까? 내 안에 잠든 거인을 깨워라!

저는 제 안에 잠들어 있는 거인을 깨우기 위해 '열정적인 삶'을 살았습니다.

첫째, 저에 대한 열정입니다.

'경험만큼 좋은 스승은 없다'는 생각으로 검찰청 행정인턴, 아름다운 가게 봉사활동 등 다양한 경험을 통해 제 자신을 발전시켰습니다.

둘째, 회사에 대한 열정입니다.

○○전자는 우리나라뿐만 아니라 세계를 대표하는 기업입니다. 유학 시절, 뉴욕에 있는 커다란 광고판을 보며 ○○전자에 입사하는 꿈을 키웠습니다. 더 큰 ○○전자를 만들기 위해

제 모든 열정을 불태우겠습니다.

> 예문 읽기
> 임유정TV

✦ TV에 나오는 취업 CF를 떠올려보자. 광고에 나오는 성우들의 목소리를 기억하는가? 자신감 있고 패기 있는 목소리다. 이 목소리가 면접에서는 가장 중요하다.

✦ 어미를 늘려서는 안 된다. 스타카토 화법으로 딱딱 끊어줘야 한다. 어미가 늘어지면 자신감이 없어 보일 수 있다. 명료하게 발음해주자.

- 리듬 스피치를 통해 말에 생명력을 불어넣어주자. 정말 내가 "내 안에 잠든 거인을 깨우기 위해 열정적인 삶을 살았다"라고 말하기 위해서는 '열정적인'이란 단어에 정말 열정을 넣어 표현해줘야 한다. 말에 리듬감을 넣어주자.

- 외운 듯한 느낌을 주지 마라. 외운 듯한 경직된 리듬감은 단어와 단어가 일정한 높이에서 나오거나 중간에 멈춤이 일정할 때 생긴다. 중간 쉼의 미학을 지켜라.

- 키워드를 외워라. 위 문장에서는 '내 안에 잠든 거인을 깨워라'를 외워야 할 것이고, '첫째, 저에 대한 열정. 둘째, 회사에 대한 열정'이라는 키워드를 외워야 할 것이다. 또한 저에 대한 열정에서는 '검찰청 행정인턴, 아름다운 가게 봉사활동'을 외워야 하며, 회사에 대한 열정에서는 '뉴욕 유학 시절 광고판, 승자에게 있어 경쟁자는 자기 자신뿐!'이라는 키워드를 머릿속에 넣어야 외우지 않은 것처럼 자연스럽게 말할 수 있다.

- 면접은 무조건 자신감이다. 면접은 'DID'가 중요하다. DID는 '들이대'라는 말이다. 면접관에게 함부로 들이대라는 것이 아니라, 면접에 대한 준비를 확실히 한 다음 자신감 있게 나 자신을 PR하라는 것이다.

프레젠테이션할 때

요즘에는 대규모 건설 공사에서 서류 심사가 아닌 프레젠테이션으로 입찰을 진행하는 경우가 많다. 아무리 공사 경험이 많은 곳이라고 해도 심사위원들에게 매력 있는 프레젠테이션을 하지 못하면 떨어질 가능성이 크다.

프레젠테이션 역시 자신감 있는 목소리가 중요하다. 또한 청중이 이해할 수 있는 말하는 속도도 중요하다. 말하는 속도가 너무 느리면 지루함을 줄 수 있고, 반대로 말하는 속도가 너무 빠르면 청중이 이해할 수 있는 시간적 여유가 없어 전달력이 떨어질 수 있다.

안녕하세요. 오늘 프레젠테이션을 맡은 ○○○입니다.

지금부터 첨단의료복합단지 개발에 관한 발표를 시작하도록 하겠습니다.

현재 우리는 건강에 대한 관심이 많은 시대에 살고 있습니다.

하지만 건강에 대해 연구할 수 있는 의학전문복합단지가 부족한 현실입니다. 그래서 우리나라도 미국의 보스턴 바이오 클러스터, 휴스턴 메니컬 클러스터와 같은 대규모의 첨단의료복합단지의 개발이 시급합니다.

예문 읽기

임유정TV

이번에 건설되는 경기 첨단의료복합단지는 향후 우리나라
의료산업에 큰 발전을 가져다줄 것이라 믿습니다.

✦ 군대식의 발표는 안 된다.

✦ 부드러우면서도 신뢰감 있는 동그란 목소리를 기본으로 해야 한다.

✦ 공명이 강하게 들어가야 한다.

✦ 어려운 단어가 많이 들어갈수록 쉼을 적절히 두어야 한다.

✦ 절대 똑같은 리듬감으로 반복해서는 안 된다.

✦ 내가 발표를 하면서 목소리를 내는 모습을 반드시 캠코더로 찍
   어보자. 촬영한 영상을 보면 뭐가 잘못되었는지 잘되었는지 알
   수 있다.

강의할 때

강사들이 강의를 하기 전에는 대기를 하고 있다가 강사가 무대 앞
에 등장하는 순간, 사람들은 그 강사의 입에 모든 눈과 귀를 집중시
킨다. 자, 강사가 입을 연다. 그런데 강사의 말투가 어리거나 강사
의 발음이 부정확하거나 강사의 톤이 올라가 있으면 '아, 이 사람은

몇 년 차 강사구나!'라는 것이 체크된다. 청중들은 바로 '목소리 스캔'에 들어가는 것이다.

자, 청중들의 목소리 스캔에 "와, 이 강사는 정말 프로구나. 어쩜 저렇게 노래 부르듯이 말이 술술 편하게 나올까. 정말 카리스마 있다. 열정적이야!"라는 말을 들을 수 있도록 목소리를 내보자. 강사는 전문성 있는 목소리, 친근감 있는 목소리를 다 가지고 있어야 한다. 신뢰감 가득하면서도 친근한 목소리를 말이다.

안녕하세요.

오늘 스피치 강의를 함께할 라온제나 스피치의 임유정입니다.

오늘 제가 강남 시내를 지나서 이곳에 왔는데요. 전 정말 깜짝 놀랐어요. '정말 우리나라 국민들이 선진 국민이구나!'라는 것을 느꼈는데요. 지금 G20 행사가 우리나라에서 열리고 있잖아요. 이번 G20 행사에 맞춰 언론에서 코엑스 주변 승용차 운행을 자제해 달라는 보도를 여러 번 했었는데요. 정말 오늘 시내에 가 보니 차가 별로 없더라고요. 정말 우리나라 국민 대단하지 않아요? 더군다나 요즘 가을이 깊어 가고 있죠. 이렇게 깊은 가을을 외국인들에게 보여줄 수 있어서 더욱 행복한 것 같아요. 우리가 참 세계가 준 기회를 잘 잡고 있다는 생각이 들어요.

근데 기회라는 것이 매번 오는 것이 아니잖아요. 우리 인생에서의 기회도 마찬가지라고 생각해요. 이렇게 기회가 올 때 멋진 스피치 능력으로 이 기회를 잡으면 정말 행복하겠지만 반대로 그렇지 않다면 그때 가서 후회해봤자 아무 소용이 없잖아요. 자, 우리나라가 선진국으로 갈 수 있는 기회를 잡고 있다면 우리는 스피치에 대한 기회를 오늘 이 시간 잡아 볼까요?

본격적으로 수업 들어가 볼게요!

예문 읽기

임유정TV

♦ 강의는 신뢰감과 친근감이 있는 목소리가 절대적으로 필요하다. 동그란 목소리로 연결되는 리듬 스피치를 반드시 연습하자.

♦ 강사의 톤은 올라가면 안 된다. 톤이 높으면 강의를 듣는 청중의 귀가 너무 피곤해질 수 있다. 강사 또한 호흡이 딸려 쉽게 지치게 된다. 긴장하면 톤이 더 올라가게 된다. 그러니 아예 무대에 서기 전 '톤을 낮춰서 시작해야지!'라고 속으로 생각하는 것이 좋다.

♦ 다양한 목소리(음색)가 필요하다. 왜냐하면 강사들은 한두 시간 동안 계속 사람들의 눈과 귀를 잡고 있어야 하기 때문에 지루하지 않게 다양한 색깔을 목소리에 넣어 표현해줘야 한다.

♦ 얼굴 표정에도 소리가 담겨 있다는 것을 명심하자. 청중은 나의 콘텐츠를 배우기 위해 강의를 들으러 오는 것도 있지만, 지쳐 있

는 마음에 열정이라는 불씨를 댕기기 위해서 온다는 점을 잊지 말자. 표정과 목소리에 행복과 열정을 넣고 강의를 해보자.

✦ 따뜻한 목소리가 관건이다. 교육은 '사람의 마음을 아이로 만드는 것'이라는 말이 있다. 나를 바라보고 있는 청중의 표정이 '화난 어른'이라면 이것은 청중의 잘못이 아니라 강사인 내 잘못이다. 청중을 따듯한 목소리로 감싸 안아 아이로 만들자.

✦ 어떤 습관이 있어서는 안 된다. CS(친절) 강의를 하는 분 가운데 잘못된 습관이 있는 사람들이 있다. 이러한 습관이 있으면 내용의 전달력이 굉장히 약해진다. 자신이 갖고 있는 습관 안에 내용을 넣기 때문에 말의 강약이 서로 뒤섞일 수 있다. 습관이 아닌 문장 안의 단어에 따라 강약이 달라져야 한다는 것을 명심하자.

취임식 스피치를 할 때

CEO 분들의 경우 기업이나 대학 동문회장 등의 취임식에서 스피치를 해야 하는 경우가 많다. 취임식은 "이런 중책을 맡게 되어 정말 감사하다"와 "앞으로 정말 열심히 하겠다"라는 감사함과 열정의 목소리를 가득 표현해야 한다. 첫인사를 할 때는 부드러운 목소리, 중·후반부에는 강력하고 카리스마 있는 열정적인 목소리가 필요하다.

안녕하십니까!

새해 복 많이 받으십시오. ○○대학 동문회장 ○○○입니다.

날씨도 춥고, 한해를 시작하느라 바쁘신 와중에도 이렇게 자리에 참석해주신 여러분께 진심으로 감사의 말씀드립니다.

이렇게 부족한 제가 이번에 동문회장이라는 중책을 맡게 되어 감격스러우면서도 한편으로는 잘해야 한다는 부담감도 갖고 있습니다. 하지만 여기 모인 동문님들이 저의 부족한 점을 채워주신다면 최선을 다해 동문회를 잘 이끌어갈 수 있으리라 생각합니다.

여러분! EQ의 창시자 다니엘 골먼이 이런 말을 했습니다. "리더십의 조건은 감성지능이다." 얼마나 다른 사람들과 대화를 나눠 서로 감정을 공유할 수 있느냐가 리더십의 첫 번째 조건이라고요. 저는 앞으로 따뜻하고 진실한 감성 리더십으로 동문회를 이끌어가겠습니다.

하지만 저 혼자 힘으로는 부족합니다. 여기에 모여주신 동문들의 도움이 필요합니다. 오늘 모이신 여러분은 동문회의 휴먼네트워킹의 허브이자, 든든한 받침대입니다. 여러분이 저와 뜻을 맞춰 동문회를 이끌어가 주신다면, 섬김과 나눔을 실천할 수 있는 훌륭한 동문회를 만들 수 있으리라 믿습니다.

다시 한번 이렇게 저를 동문회장으로 선출해주신 여러 동문님들에게 진심으로 감사의 말씀을 전하며 새해에도 여러분의 가정에 건강과 행복이 가득하길 빕니다. 감사합니다.

예문 읽기

임유정TV

✦ 진심으로 감사하는 마음을 목소리에 담자.

✦ 새로운 시작을 앞두고 떨리지만 열심히 하겠다는 결연한 의지를 드러내자.

✦ 내가 원고를 읽고 있다고 리듬감을 너무 빨리 가져가면 안 된다. 오히려 천천히 읽어 하나하나 또렷이 들려야 책임감이 가득한 목소리로 들린다.

✦ 중간중간에 쉼을 줘야 한다. 특히 문장의 끝머리에는 고개를 들어 청중을 바라본다.

모임에서 자기소개를 할 때

자기소개는 짧은 시간 안에 나를 표현하는 '엘레베이터 스피치'의 전형적인 예다. 너무 길면 아무리 내용이 좋아도 사람들의 시선은 다른 곳을 향한다. 대부분 사람들은 상대방의 자기소개를 들을 때

'난 뭘 이야기하나?'라는 고민을 머릿속에 넣고 있기 때문에 다른 사람의 자기소개가 너무 길거나 많은 내용이 들어 있으면 잘 듣지 않는다.

짧으면서도 임팩트 있는 자기소개를 해보자. 자기소개를 할 때 목소리는 무조건 '반갑다'라는 친근감이 들어 있어야 하는 것을 잊지 말자.

안녕하세요!

효녀가수 현숙을 닮은 임유정입니다. 반갑습니다.

오늘 모임 회장님의 적극적인 추천으로 함께 하게 됐는데요, 오늘 와보니까 분위기가 정말 좋아서 '회장님이 추천해주신 이유가 있구나'라는 생각이 들었습니다. 지난번 다른 모임에서 회장님을 처음 뵙고 한눈에 반했습니다. '정말 열정적인 분이시구나' 하는 것을 느꼈는데, 오늘 모임에 와보니까 오늘 오신 여러분의 열정도 정말 대단하네요. "열정은 전염된다"라는 말이 있죠! 저에게도 그 열정 나눠주셨으면 좋겠습니다. 감사합니다.

안녕하세요! 저는 ○○업무를 담당하고 있는 ○○○입니다.

여성을 위한 정책을 만들어내는 것이 우리의 임무죠! 우리가 일

을 할 때 서로 잘 얼굴을 익히고 인맥을 쌓는다면 더 많은 시너지를 발휘할 수 있으리라 믿습니다. 이런 말이 있더라고요. "혼자 가면 빨리 갈 수 있지만 함께 가면 멀리 갈 수 있다!" 오늘 짧지만 1박 2일 동안 서로 인연을 돈독히 할 수 있는 자리가 됐으면 합니다. 감사합니다.

예문 읽기

임유정 TV

♦ 목소리에 청중을 향한 관심을 담는다.

♦ 축축 처지는 일자 톤이 아니라 생기 넘치는 리듬감을 넣어 말한다.

♦ 목소리에 웃음과 행복, 그리고 만나서 반갑다는 기쁨을 가득 담아 말한다.

건배사를 할 때

송년 모임, 동창회 모임, 신년 모임 등 모임에 가면 으레 하는 것이 있다. 바로 '건배사'다. 건배사는 흥을 돋울 수 있는 '추임새'의 역할을 한다. 자신감 없는 건배사로 흥을 깨는 사람이 있는가 하면, 어떤 사람은 열정 가득한 건배사로 흥을 돋운다. 열정적이고 카리스마 넘치는 목소리로 흥을 돋워보자.

안녕하세요.

이렇게 건배 제의를 할 수 있게 해주셔서 정말 감사합니다.

우리 참 오랜만이죠! 평소 전화로만 업무를 하다 이렇게 서로 얼굴을 보니 정말 기분 좋습니다. 오늘 참 좋은 곳에서 교육을 진행하고 있죠! 너무 오랜만의 교육이다 보니 담당하시는 분들이 관심을 많이 가져주신 것 같습니다.

저는 교육이란 것이 두 가지 목적이 있다고 생각합니다. 첫째는 배움이고, 둘째는 회포라고 생각합니다. 오늘 교육을 통해 서로 열심히 공부도 하고, 그동안 묵혀뒀던 회포도 푸시면 어떨까 합니다.

자, 그런 의미에서 제가 건배 제의를 하겠습니다.

"반갑다, 동료야!"

제가 "반갑다"를 외치면 여러분은 "동료야!"를 힘껏 외쳐주시길 바랍니다.

"반갑다!~ 동료야!~"(박수로 마무리)

예문 읽기
임유정TV

✦ 건배사의 경우는 목소리가 일반 말하기 볼륨보다 커야 한다는 것을 잊지 말자.

✦ 천천히 말하자. 빨리 말하면 너무 준비한 티가 난다. 천천히 여

유 있게 말하자.

✦ 건배 제의, 즉 "반갑다, 동료야"를 할 때는 더 큰 목소리로 카리스
마 있게 외쳐야 한다.

요즘 들어 목소리에 대한 관심이 부쩍 높아짐을 실감한다. 목소리
가 좋아진다는 것은 단지 '아나운서처럼 말하는 것'에 그치지 않는
다. 왜 우리가 아나운서처럼 말해야 하는가? 우리는 아나운서가 아
니다. 그렇기 때문에 아나운서처럼 말할 필요는 없다. 아나운서처
럼 말하기 위해 이 책을 공부하는 것이 아니라 나도 편하고 상대방
도 편한 '나편내편' 목소리를 만들기 위해 훈련하는 것이다.

이 책은 남 앞에 나가 발표를 할 때 잘 돌아가지 않는 나의 입, 정
확하지 않은 발음 때문에 만날 "뭐라고? 무슨 말을 하는 거야? 발음
좀 똑바로 해봐!"라는 말을 항상 듣고 사는 사람들을 위한 교재다.
내 안의 틀을 깨서 당당하고 크게 말하고 싶기 때문에 목소리를 훈
련하는 것이다.

왜 남들이 잘하는 모습만 부러워하고 있는가? 여러분도 반드시
당당하게 목소리를 낼 수 있는 훈련을 통해 굿 스피커로 거듭났으
면 한다. 말을 더듬거리는 아이에서 이렇게 좋은 목소리를 만드는

265

책을 낸 지금의 나처럼 말이다. 난 항상 여러분 옆에서 여러분을 응원하겠다.

여기가 끝이다. 여기까지 오느라 정말 고생이 많으셨다. 어떤 가? 한층 목소리에 자신감이 실리는가? 목소리에 대해 관심이 많은 분을 보면 참으로 대단하다는 생각을 한다. 많은 사람이 '무슨 목소리야. 먹고살기도 힘든데…'라고 생각한다. 하지만 목소리에 대해 관심을 갖는 분들은 타인과 소통하고 나누는 데 더 큰 의미를 부여하고 있는 분들이 대부분이었다. '과연 내 목소리가 어떻게 들릴까? 좀 더 자신감 있게, 좀 더 따뜻하게 대화하고 소통하고 싶다'라는 바람이 있기 때문에 이 책을 선택했을 것이라고 생각한다.

혼자 사는 사람들은 목소리에 별 관심이 없다. 하지만 우리는 '함께' 살기에 목소리에 대한 훈련이 반드시 필요하다. 내가 가장 좋아하는 말이면서도 개그맨 강호동이 예전에 수상 소감으로 한 말이 떠오른다. "혼자 가면 빨리 갈 수 있지만, 함께 가면 멀리 갈 수 있다." 공명과 따뜻한 어조로 만들어진 목소리로 함께 멀리 갔으면 한다.

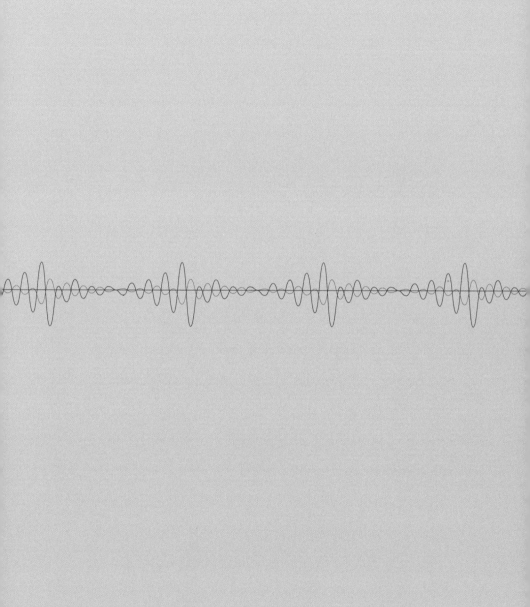

평상시에 하는 목소리 관리법

목소리는 나의 건강 상태를 알려주는 '청진기'의 역할을 한다. 감기에 걸렸거나 피곤하거나 전날 밤 술을 거하게 한잔했다면, 좋은 목소리를 낼 수 없다. 평상시에 어떻게 하면 목소리를 잘 관리할 수 있는지 구체적인 방법에 대해 알아보자.

물을 많이 마신다

목소리는 성대가 진동하면서 생기기 때문에 성대의 점막이 항상 촉촉해야 진동이 원활해진다. 이때 너무 차갑거나 뜨거운 물은 오히려 점막을 건조하게 만들기 때문에 미지근한 물이 가장 좋다. 물이 성대에 좋다고 하니 발표 전에 커피나 녹차를 물 대신 드시는 분들이 있다. 하지만 커피나 녹차의 카페인 성분은 목을 오히려 건조하게 만들기 때문에 바로 발표를 앞두고 있다면 가급적 삼가야 한다.

여름철에 선풍기나 에어컨이 목에 직접 닿지 않게 한다

여름철 날씨가 덥다 보니 선풍기 바람을 얼굴 쪽에 대고 주무시는 분들이 많다. 차가운 공기가 호흡을 하면서 계속 입과 코로 들어오기 때문에 좋지 않다. 목에 손수건이나 스카프를 매고 자는 것도 목소리를 관리하는 좋은 방법이다.

노래방, 회식 자리에서 큰 소리를 내지 않는다

"화통을 삶아 먹었냐! 왜 이렇게 목소리가 커!"라는 말을 듣는 사람이 있다. '화통'은 화약으로 화살이나 탄알을 내쏘는 무기를 통틀어 이르는 말이다. 탄알이 나갈 때 나는 소리만큼 목소리가 크다는 것인데, 원래 소리통을 크게 달고 태어난 분이 아니라면 시끄러운 공간에서 큰 소리로 말하는 것을 자제해야 한다. 아나운서들은 항상 말을 많이 하는데도 목이 쉬지 않는 이유를 알고 있는가? 항상 발성 연습을 하는 덕분이기도 하지만 조용한 공간에서 말을 하기 때문이다. 그만큼 내지르지 않아도 되니 성대가 보호되는 것이다. 노래방에서 분위기 띄우기용 노래는 한두 곡이면 충분하다. 다른 사람에게 마이크를 넘기자. 또한 술자리에서는 '내가 말을 하는 것'보다 다른 사람의 말을 들어주는 '경청'이 중요하다는 것을 잊지 말자.

폐활량을 늘릴 수 있는 운동을 한다

몸이 건강해야 좋은 소리가 나온다. 평상시 복식호흡 존에 많은 숨을 담을 수 있도록 꾸준한 운동을 해주자. 산책·수영·달리기·헬스·요가 등의 운동이 좋다.

발성 연습을 꾸준히 한다

단지 목에 힘을 줘서 말하기보다는 내 몸 전체를 울려 소리를 내자. 그럼 목의 부담이 덜어져 한결 편하게 말을 할 수가 있다. 몸 전체를 울리는 '복식호흡'을 생활화하자. 복식호흡은 배로 하는 호흡을 말하며 갈비뼈 아래에서부터 배꼽 아래 5cm까지의 복식호흡 존을 이용해 호흡하는 것이다. 복식호흡 존에 풍선이 들어가 있다고 생각하자. 숨을 들이마시면 풍선은 부풀어 오른다. 내쉬면 풍선은 꺼진다. 우리의 말은 배에 숨을 가득 채운 다음 내뱉으며 하는 것이다. 자, 이제 해보자. 숨을 채운 다음 "안녕하세요, 반갑습니다."

감기를 조심하라

감기에 걸리면 체력이 떨어져 말이 편하게 나오지 않는다. 만약 중요한 발표가 있다면 사전에 너무 심한 운동이나 과음 등은 하지 않고 미리 컨디션을 관리해놓은 것이 중요하다. 또한 손수건이나 스카프로 항상 목을 보호하는 것도 중요하다. 감기는 자기가 가장 약한 부분부터 증상이 오는 경우가 많다. 목을 많이 사용하는 나는 감기가 왔다 하면 바로 목부터 온다. 이럴 경우 식염수나 소금물로 입안을 가글한다. 또한 소금물을 손에 가득 담은 다음 코로 물을 빨아 들여 귀와 입에 흐르도록 한다.

사탕이나 초콜릿, 케이크 등은 발표 전에 먹지 않는다

당 성분이 많이 들어 있는 사탕이나 케이크 등을 먹으면 입안에 침이 고여 발표할 때 자꾸 침을 삼켜야 한다. 물론 입안에 침이 고이면 발음도 부정확하게 된다. 또한 조미료가 많이 들어 있는 자장면과 피자 등의 음식은 오히려 입안을 바짝 마르게 한다. 그렇지 않아도 발표하느라 입이 마르는데 먹은 음식물 또한 내 수분을 훔쳐가면 안 되지 않은가? 발표 전에는 되도록 달게도 짜게도 먹지 말자.

행복한 마음을 갖는다

마음이 편한 친구와 장시간 수다를 떨었을 때 목이 쉬는 사람은 많지 않다. 목소리는 몸의 긴장도와 밀접한 관계가 있다. 마음이 편한 친구와 대화를 나눌 때는 목의 긴장도가 떨어져 목소리가 부드럽게 나온다. 하지만 마음이 불편한 사람과 말할 때는 몸의 긴장으로 인해 목소리 또한 딱딱해진다. 자, 누군가와 대화를 나눌 때나 앞에 나와 발표를 할 때 행복하고 즐거운 마음을 갖자. '이렇게 나와서 발표하는 것이 참 즐겁고 행복해!'라는 마음으로 말이다.

목소리를 바꾸고 내 인생이 달라졌다

초판 1쇄 발행 2011년 5월 1일
개정 1판 1쇄 발행 2023년 1월 26일

지은이 | 임유정
펴낸곳 | 원앤원북스
펴낸이 | 오운영
경영총괄 | 박종명
편집 | 최윤정 김형욱 이광민 양희준
디자인 | 윤지예 이영재
마케팅 | 문준영 이지은 박미애
등록번호 | 제2018-000146호(2018년 1월 23일)
주소 | 04091 서울시 마포구 토정로 222 한국출판콘텐츠센터 319호(신수동)
전화 | (02)719-7735   팩스 | (02)719-7736
이메일 | onobooks2018@naver.com   블로그 | blog.naver.com/onobooks2018

값 | 16,000원
ISBN 979-11-7043-378-1 03320